斗數疑難100問答

現代篇

命理與人生41

了無居士◉著

時報出版公司
ISBN 957-13-0338-0

如果沒有了無居士這個人

——序

台灣的命理學習風氣極盛，但方法卻是陳腐的、失敗的，因爲跟一千年來那種師傳徒、徒傳徒子、徒孫的傳統老法子，並無多大長進，許多人仍然迷信先師抄本、祖師口訣，以爲有了抄本或口訣，所有天機，盡歸眼底。因此什麼科學理論，什麼觀察實驗，都去他的。幾乎沒有人想要好好探討，努力經營，更遑論注入新的理念。幸好，弘揚這種術法的責任不在他們身上，否則陳希夷半夜都會從墳墓裡爬出來掉淚。

這幾年來，不乏大學以上程度的人共襄盛舉，這當然是個好現象，只不過研究的方法仍是老套，所以成就不高。我在多年前曾計畫把這套術法細寫，從星曜、宮位、結構原理，以至推算技術、客觀度等大題，透過比較精細周密的思考，重新整理，發展而出，《**紫微斗數開運全集**》就是在這種狀況下出版的，後來因爲某種原因，半途而廢，了無居士要我在短期間內把後面的部分補足，算是功德一件，在我來說，如果客觀環境允許，也希望還清舊欠。

慧耕

我們常愛開玩笑說：「這個世界如果沒有了無居士這個人，或者他繼續搞他的新聞事業而不認識命理，今天台灣命理的成就可能跟一千年前大宋帝國沒有什麼兩樣。」依照佛教乘願再來的觀念，他也許就是陳希夷或徐子平這些人轉的世。

就因爲有這種不汲汲於私利的人適時現身，命理觀念和學習的方式才得以改觀。

學理探索的好處是證據確鑿，很難駁倒，雖然仍有許多問題尙待解決，可是弄通了那些概念，你一定不會迷惑。

㈠算準了，知道是怎麼準的，並且可以放諸四海而皆準。

㈡算錯了，知道錯在哪裡，可以改善，並避免重蹈覆轍。

傳統的祿命幾乎以算準確爲出發點來建立，這當然有不得已的苦衷。換句話說，如果算命不求準確，根本就沒人願意學，也沒人願意去算命，算命攤子，門可羅雀，自不待言。職是之故，我們聽到的幾乎是：「那個相士好準，連我那老三考上大學都算出來了。」絕不可能聽到「奇怪，如果考運算得出來，同一生辰的人豈非全部考上？」也有人這樣讚嘆：「上個月被同事倒了錢，怕先生罵，一直不敢說，沒想到昨天那個算命先生隨便瞧一眼，就給洩漏出來了，好厲害！」自然也聽不到「如果連倒錢這種事都一清二楚，那個術士恐怕已臻阿羅漢境界。」若聽得到，講話的人一定是了無。

顧客不一定瞭解算命先生究竟根據什麼方法算準他的過去，即使用猜的，只要不老實招來，誰也不知道，可是算命先生對自己的段數必然「瞎子吃湯圓——心裡有數」，不然他準缺乏良知良能，也違背了做人處世的道理。事實上，以今天的論命程度，要算準一些事項，並非困難，只不過算得出來，必須說得出理由，這點就非得借重學理不可。

許多習命者說不出理由，又怕被人掀了底，多半以「天機不可洩漏」來搪塞，不然就說「想瞭解原因，可以，你必須拜師。」我常想，這個世界就數了無居士最傻，他不但把天機洩漏殆盡，而且還告訴人家是怎麼算的，如果你不愚昧，他寫的書，應該買回去看，學習命理，才可望修成正果。

了無思路清晰，思維敏銳，寫作勤快，下筆成章，倚馬可待，是我們這群經常在一起臉紅脖子粗的同好比不上的。如今又有好書問世，當然樂意錦上添花，替他吹噓一番。

所有的問題都要解決

——自序

這本書是兩冊中的一本，另外一本爲《**古典篇**》，古今疑難，相互輝映，使得斗數在推算中遭遇的一些問題，前後得以貫穿起來。

書中容納問題雖然不少，但遺珠更多，有待日後補足。許多問題無法暢所欲言，蓋需要較大的篇幅加以詳述。嚴格說來，近代斗數的疑難雜症，絕不少於一百個，而是幾千甚至幾萬個，摘其要者，簡答一番，不過表達了一個研究者對一些問題的關心和觀點而已，但仍要請大家注意兩事：

㈠大部分的答案都只是個人主觀的認定，亟須有人提出更完整、更周詳的構思。

㈡有些問題涉及「人爲的可能」，這是功力問題，非我的能力所及，即使把我的皮剝了還是答不出來，只好留待高明。

所有的問題都是現成的，在命理的國度裡，堪稱俯拾皆是，加以編輯纂綴，就成爲書中這個樣子。其中一部分一般絕少觸及，才是我們的新發現，希望達到系統化、客觀化、邏輯推理化的理想境界。

有些問答的認定，失之嚴苛，例如「共盤不可推測特性」，基本命盤的推算必有其不可逾越的界域，歷來的習命者卻是天馬行空，盡情揮灑，立論雖佳，能夠接受並遵行如儀的人，恐怕不多，這正是我們所擔心的事。新知不必也不一定就是眞知灼見，但總要有人不斷提出，這門學問才可能進步，若把它當做一種異端邪見，加以鄙視，甚至打壓，絕非正常手段。我們也一直在自問：「類此之書，到底多少人瞭解？」所幸我們作研究向來只問耕耘，否則志氣將難免被強烈的挫折意識所腐蝕。

過去曾與一些習命者討論，可是極少獲得共鳴，多數情況不是被指爲狂妄，就是不屑一顧，後來才發現原來他們仍然陶醉在千古秘訣、祖師手抄的美夢中，希望靠祖師爺一句口訣，就能上知天文、下測地理，森羅萬象，盡在掌中，對原理、架構、技術法則，這些嚴肅的研究，胃口缺缺，這當然是可以理解的。我們也常耳聞一些情緒反應，像「命理畢竟不是自然科學，怎能採用自然科學的方法來研究？有沒有搞錯！」有人說風涼話：「你們一天到晚搞什麼方法學，什麼邏輯理論，好像是眞的一樣，其實算命不見得準到哪裡去，生意也沒比別人好，唉，算了吧。」質疑聽多了，晚上睡覺都會作惡夢。不管問題是簡單的，抑或棘手的，只要存在一天，就必須解決，逃避終歸不是辦法。」這是實話。

斗數的疑難，有些是一千年前既已隆重存在（幾乎是該術創造之日就產生），然後延續下來。之所以會成爲沈痾，我們認爲由兩事造成：

㈠草創之初，一切精簡，不夠完整是必然的。

㈡後代的習命者未做到演進、改善的責任。

其中最大的、最關鍵的，要數「極致」以及所延伸的問題，像輸入條件、特例規則、災難理論等問題，包括八字的典籍在內，幾乎沒有一本書、一個人告訴我們，命理架構其實是有界域的，能討論的部分其實是很有限的。蓋兩個普通小時化約爲一個命理時，必然涵蓋許許多多的人，他們之間，許多遭遇固然類同，但更多的遭遇不同，哪些同、哪些不同，也就是哪些可算、哪些不可算，均須釐清，算命才可能客觀，研究才可能無礙。任何人進行推論，若不設法突破該界域所形成的層層障礙，將有立刻被人利用邏輯推理駁倒的危險。本書這個部分所佔篇幅較多，就是基於這樣的理由。其餘的，應有盡有，在問答之間，可以找到一些現代觀念的詮釋，有些問題疑是陳年懸案，我們也予以討論，答案是否正確，則不敢保證。

紫雲先生在書中給我做了許多觀念的提示，這些觀念每一條都值得我反省與參酌。有些朋友發現紫雲先生和我的觀點有些差異，不知誰對誰錯，便會問說如何調適。其實在我看來，不必調適；我來舉個例子：

美國超人(superman)漫畫非常叫座，有一次畫到超人以光速兩倍的速度，前往營救一個人質，刊出後，收到物理學會的糾正信函，表示人的速度永遠不可能超過光速，出版社無法答覆，只好請教一個科幻作家，作家說：「人不能超過光速，根據的是理論，但是超人超光速飛行根據的是事實。」隱者老師的根據，必然是事實，他的答案當然正確。

我在新聞工作期間練就了一支快筆，文章不管多長，書冊無論多厚，在預定的期限內，一定完稿，頗引以自豪，從未像這本《**現代篇**》這樣數度易稿，寫得身心俱疲。爲了舒解心中的鬱結，暮春三月，幾位研究佛學的朋友邀約去日本自助旅行了一個星期，在高野山沿途觀賞了那尚未落盡的山櫻，在參天古木的環抱中，憑弔了弘法大師（空海和尚）的墓園，斜風細雨中，駐足在嵯峨野那一半山色一半水的氤氳中，頓覺身心兩忘；臨濟禪天龍寺的靜室內，夢窗國師偉大的教誨，似乎也歷歷如在眼前。回來果然文思泉湧，下筆有如神助。

隱者老師紫雲先生的督促，慧耕先生、周惠玲小姐、彭金盛先生以及舍弟忠猛多方的協助、策劃與討論，使得兩書順利完成，是要藉此特別感謝的人。

了無居士

序於高雄了無居，一九九一年五月二〇日

目錄

卷九　命的強與弱

卷八

可算與不可算

任何一種祿命程式均不可能涵蓋生命歷程中所遭遇的事項，否則他準是個宿命論——以爲這一切的一切，在出生之時，即已註定，人活著不過是去呼應那些既定的事實而已。有人這樣肯定說：「推測結果既然不可思議，推測原理當然就是萬能的。」我們相信凡是人爲的，就不可能萬能，把程式當做萬能的人，不夠資格談命，即使學了十年八載，仍不得超升。

我們把祿命程式的能與不能，做一個分際，讓初習者知道紫微斗數在某些方面固然斷驗如神，在其他方面則不如神壇的籤詩。分別程式的能與不能看來像是小事一樁，對第一個從事這種工作的人，卻是一件浩大的工程，蓋全無脈絡可循。

51.紫微斗數能解答人生各種問題嗎？

□一般傳言，紫微斗數是一種非常精密而且高深的祿命程式，研究透徹，可以推測人間許多事項，進而掌握森羅萬象。不過，現代的人都知道，命理由於受到時間限制，不可能萬能，因此該如何修正，才符合現代科學的精神？

■在回答這個問題前，必須釐清什麼是「程式的可能」和「程式的不可能」。

原理或結構所能達到的範圍，就叫「程式的可能」(formula possible)，否則就是「程式的不可能」(formula impossible)。

譬如汽車只能在地面上行走，有人忽然心血來潮，要叫它飛上天空或潛入海底，那就是「程式的不可能」，因爲汽車的機械原理有其限制，不可能飛得上去和潛得下來，除非改變引擎的結構。無論八字或者斗數，絕對不可能探知一個人有幾個同胞、未來將生幾個子女，因爲在這兩項結構的設計上，無法做到這一點，即使把我的皮剝了，還是斷驗不出來。

靠個人的力量可以達到預期的效果，就叫「人力的可能」(man power possible)，否則就是「人力的不可能「(man power impossible)。

這個部分又稱「功力問題」。譬如某甲這步大限的財帛宮被忌星挾煞沖襲，錢財支配，起伏頻仍，無法有效掌握，他剛好是個生意人，因此有損財的徵兆，可是卻有人根據大限命宮坐有先天祿星的這一觀點，堅持是個好運，鼓勵進行轉投資，結果某甲大破其財，落荒而逃。這種錯誤的造成，與結構原理無關，而與個人功力有關。

□爲什麼要釐清程式的可能與不可能？

■消極意義是避免打爛仗；積極意義則是讓習命者「知其然」，也「知其所以然」——斷準了，知道爲什麼會準；斷不準，也知道爲什麼斷不準。

中國人做事也好，研究學問也好，心態向來是鄉愿的、胡裡胡塗的、不講究方法的，所以在習命的過程中，不會去考慮什麼可以算、什麼不可以算，往往一廂情願地認爲命理是個「萬事通」。

釐清可算與不可算之後，任何人都將清楚地看出錯誤若是人爲的，可以繼續探討，或者請教高明；若是程式的不可能，只好放棄，除非改變命理結構。

□命理主要的功能是否因而被凸顯出來？

■那是毫無疑問的。

命理（包括使用年月日時，代入一個既定程式的所有祿命法）最大的功能，無非是「當一個人面臨抉擇時，適時提供另一種層面的資訊，協助他下判斷」。所謂「另一種層次」，指的就是中國祿命法最不可思議的預斷(prediction)效果。

簡單地說，這個電話該先打給誰？明年或者後年是否該換個行業？晚餐該吃什麼？但這些都是雞毛蒜皮的瑣事，即使選錯了也無關閎旨。一生中有些事情是不能選錯的，不然便有「一失足成千古恨」的遺憾，這種抉擇，必屬重大的選擇，非愼重其事不可。

□哪些才是足以影響命運成敗的重大抉擇呢？

■依目前台灣的社會狀況，可以歸納成下列幾項：

㈠國中畢業後，該升五專或考普通高中（以便日後參加大學聯招）無論怎麼選擇，必然影響將來的出路和成就。若選擇後者，到了高二，還要分組選系，無疑的這也是一個重要的關鍵抉擇。

㈡無論男女，首次踏入社會，都有該選擇哪種行業的困境，上班呢？還是創業呢？若是後者，問題更多更複雜，例如該創哪種行業？何時開創？也有討論的餘地。

㈢適婚年齡的男女，開始尋覓對象，另一半的良窳，不但直接影響婚姻的成敗，而且影響後半段人生的奮鬥目標。

古代社會有所謂「男怕入錯行，女怕選錯郎」的顧慮，顯示錯誤的選擇，貽誤一生，不能不慎重考量。

(四)在四十歲到四十五歲之間，也就是踏入社會已有十五到二十個年頭之後，往往會有個通盤的檢討，考慮是否更換事業，不然進入五十歲，想動也就動不了了。

當然還有一些其他的抉擇，因人而異，因地制宜。有些是我認爲不重要的，可是你卻認爲非常重要，譬如移民海外；有一些是你認爲不重要的，他卻誓死堅持，譬如一定要捲起袖子跳出來選個國會議員幹幹。無論是啥，原則上只要是關鍵性的抉擇，命理就可以提供資訊，協助下判斷。

（有關的細節，在別的章節中，再詳細討論。）

□有人抱怨說，區區幾個事項，未免太少了，也未免太小看了紫微斗數的能耐了，是否再添加一些名目，讓斗數大顯身手？

■斗數當然可以做很多種用途，雖然有些一瞧即知只是意識膨脹，譬如預言股市行情和探討國家大事，我們不反對大家使用或研究，蓋學術研究本來就是公開而且自由的。我們提示的充其量是個大的方向，只要把這些大方向運用純熟，其他的細節和雞零狗碎的瑣事，自然一看即會。

項目雖然不多，可是放之彌六合，每一項都能衍發成好幾樣，譬如事業，世界上的行業衆多，每天都有人在變換行業、選擇事業，如此這般，變數就大了，可以大到無限。禪宗《無門關》上說：「窮諸玄辯，若一毫致於太虛；竭世樞機，似一滴投於巨壑。」確實將我們說的這種觀念發揮得淋漓盡致。

52.命理的極限在哪裡？

□一般習命者通常把命理視爲玄妙秘法，上天下地，無所不能，我們已知那是不可能的，命理必有它的極致，問題是該極致究在哪裡？

■極致(limitation)，泛指一件事的最大能耐、容積或範疇。就命理而言，時間的排列組合，將年月日時相乘——所得的積，就是它的容量，有多少呢？

$$60\times12\times30\times12=259200$$。

前面的六十是年，一個輪迴六十年，又稱一個「花甲」；兩個十二，前一個是月，後一個是時；三十是日，農曆的月令有大小之分，小月二十九日，大月三十日，概以三十日計算。如果全球人口只有二十五萬九千二百人，那麼「一個時辰造就一個命」或者「一個命造就一個人生」的宿命論」，必然可以成立。不幸的是，人口數永遠超過排列組合，所以許多人共用一個程式（命盤），乃是理所當然的事。

數學上求平均值，目的在於發現常態分配，那麼一個「命理時」到底容納多少人？計算一下即知：用五十二億除排列組合數，其商二萬強，意思說，任何一個斗數命盤或八字程式，全世界至少有兩萬人共用。

台灣目前的人口數是兩千萬，其商則爲——「七十七」。

按：一九八九年台灣總人口數數突破兩千萬，當時內政部公佈了平均出生率，「每小時五十餘人」，一個命理時平均二一〇人左右。

無論以算命爲業或者業餘研究，首先必須承認這個殘酷事實的存在，並加以化解，算命才可望準確，研究也才可望理出一個頭緒來。我們甚至可以這樣說，算命先生功力的高低，不是看他是否推中某事，而是看他如何面對並處理這個難題。

□如果把時辰縮小些，譬如縮到刻或分，則精確度將提高八倍（一個命理時等於八刻）或一百二十倍（一個命理時等於一百二十分），涵蓋面不是更寬更廣嗎？

■此事恐怕是「挾泰山以超北海——是不能也，非不爲也」。因爲牽涉到涵蓋面的問題，也就是命理適用空間的問題。紫微斗數（八字亦同）是古代的中國人發明的，當時中國人活動的地方就是我們常說的中原，大約在東經一百一十度左右的幅員內。經度每隔十五度換算一個小時，兩個小時剛好三十度，那麼往西是東經九十度，往東是東經一百二十五度的範圍內，都被涵蓋，幾乎是中國人活動的範圍。時間縮小就是經度縮小，譬如縮到刻度，原來的八分之一（三點七五度），那麼涵蓋範圍可能只有宋朝首都汴梁附近一些省縣；若再細割爲分，也許只能涵蓋開封府城幾條街道而已——只有該街出生的人才能托祿命之福，分析一下窮通禍福。如此一來，命理的廣度與適應性就變得非常狹窄，與先賢創造祿命法，協助我們這些升斗小民探討未知命運的旨意，大大地違背。

□有人將斗數命宮成功地分割爲一四四種，以適應十四顆主星進入十二個人事宮所形成的不同型態，對準確度的提升，功不可沒。這種作法有意義嗎？

■也許有意義，可是做不到。因爲斗數排盤，首先要確定命宮的位置，而確定命宮的基本條件是生月與生時，與刻或分無涉，不知該如何安那一百多個宮位。

此外，五十年代以前的台灣，許多人的家裡尚無時鐘，即令有之，也不一定準確，如果連時刻都要爭論，我們還能指望用分秒算命嗎？

□世界各地若依中原標準時間，予以增減，譬如高雄位於東經一二〇度十六分，應加一分零四秒；日本首都東京在東經一三九度四十五分線上，應加七十九分，如此一來，全世界的人豈非都能沾祿命法之光？

■話這麼說是不錯的，剛才講過，一千年前創造的這種祿命法，訴求對象，原則上只是中原附近的中國人，因此當地出生的人，準確率較高，以外的地區，隨著經度遞減，準確度相對低落，這是毋庸贅述的。我個人的看法是，包含台灣、香港、澳門等地在內的中國地區，都適用這些古傳祿命術，時辰依太陽位置略有增減，其餘的星馬韓日因爲接近赤道和北極圈，準確率自然要大打折扣。

□中國傳統的算命術，能否推算歐美人士的命！

53.紫微斗數可以推算西方人士的命運嗎？

□中國傳統的祿命術堪稱萬能，但推算歐美地區的人的命運，是否也能得心應手？

■理論上說，是不能推算的，理由就是上文所述，那是針對中國人，特別是出生在中原附近的中國人而設計的；洋鬼子命，算起來恐怕有種無力感。可是我們常見一些知命理學家動輒替美國前任總統雷根、英國王嗣查理斯以及一般百姓約翰、保羅、瑪麗、瑪丹娜算命，據說斷驗如神，仔細思慮，總覺得不是那麼一回事。別說西洋人，即使東南亞地區如泰國、印尼、越南、馬來西亞，生活習慣、宗教信仰與我們略同（同文同種），準確度應該不致太差。可是問題仍多，譬如八字算命，有些地區四季如夏，像泰國只有乾季和雨季，五行的旺弱該如何辨識？亥子兩月，中原之地，正是冰雪紛飛，天寒地凍，五行不生，南洋地區卻是炎炎溽暑，命要算得準，須拜太上老君爲師。

紫微斗數不用五行，應該沒有這層顧慮，但問題絕非那麼簡單。我們認爲，算命術的時間與空間被限制得很嚴苛，出生地是個必須考慮的因素，中國地區以外的人不能毫無批判地比葫蘆雲飄，攤開命盤，立即洩盡天機。不過，在中國地區出生，後來移外國，照樣可算。

老外在台灣落地，原則上也適用，在別的地區則只能勉強推算。

紫雲先生有他獨到的看法。他說，任何地區的人，只要記住出生時刻——以當地時間（天文時間，即格林威治所換算的標準時間）爲準，即可採用這套不可思議的祿命術推算窮通禍福。將祿命法侷限在中國中原地區立論，不但理論不確，而且缺乏經驗的依據。

他認爲斗數的祿命理若是以星象（星球）磁場理論的運用，那麼斗數程式與推測原理，考慮的只是時間，而非空間，故無空間與地域的限制。

□時間是流動的，上午十時五十九分是巳時沒錯，可是一分鐘後，就變成午時，截然不同的兩個時間，命理是否已經科學到這麼精確的地步？

■命理時間的分割，跟切蘿蔔中間一刀，便是截然兩段不同，不可能精準到這種地步。很早以前，我們就注意這個問題，並隨時加以試驗，希望能夠發現一些心得。

以中午時刻爲例，十時三十分開始（或者更早），必然受到午時的感應，也就是此刻雖是巳時，卻有午時的影子；然後，十三時三十分以前（或者更晚），也就是此刻雖是未時，卻殘留午時的影子，受到午時的感應。問題是，感應的程度究竟多少，以及如何感應法，我們都不很清楚而已。

54.八字和紫微斗數誰強？

□我們都知道閣下在八字和紫微斗數都有過相當深刻的涉獵，就學理的基礎而言，覺得那個祿命方法比較客觀而且精準？

■這個問題的答案不管多麼客觀，都難免受到兩種術法的學習者駁斥，所以只就結構的內涵加以探討，不涉及各方的優劣。

斗數列有十二宮，分門別類，將各種人事活動與行爲歸納其中，這就是進步，蓋分類越細，精確度必然越高，是八字和類似的術數所欠缺的偉大發明。

斗數的定宮基本上就是一項突破，古傳的祿命式多半缺乏明確的規劃，譬如八字的正偏財遭剋，算命先生通常會斷言：「不是破財，就會剋妻。」其實破財和剋妻，千差萬別，豈止十萬八千里。在斗數的定宮原則下，化忌星進入財帛宮，多主破財，可是絕不會剋妻，因爲夫妻宮與財帛宮沒有瓜葛（不會照）。定宮的原始意義就是設定一個宮位，賦予該宮應有的內涵，比方觀察事業經營的得失，必用事業宮及其三方諸宮，絕不會也不能使用父母宮、兄弟宮及其三方諸宮。

有人認爲，從八字的行運，可以一目瞭然看出目前運程的吉凶，斗數由於宮位複雜，星曜和四化盤根錯節，很難一望之下就決定吉凶，似乎如此。不過，這正好顯示斗數理論上比較能處理複雜的事務，符合今天多元化社會實際的狀況。

□斗數命盤重複的情況非常嚴重，譬如水二局初二初三日出生，各宮的星曜少有差別（只有日系星像三台八座不同，不排該二星曜則毫無差別），這種雷同的現象一日不解決，斗數便一日無法成爲一門嚴謹的學問，相反的八字就沒有這種窘狀，是否如此？

■在我們看來，這種差別不必解決。

就因爲有星曜組合雷同的事實存在，才證明八字程式也好，斗數命盤也好，充其量只是一種統計的「類型」(pattern, type)——星曜組合相同，但發生這些人的生命歷程中的事項，只有某些部分相同，因此命理程式都只能推算人生的一小部分，而非全部；這點毋贅述。

我們常舉這樣一個淺例，加以說明。操場上有一萬個群衆，黑壓壓兼密密麻麻的一片，如何替他們歸類才適當？方法當然很多，譬如：

㈠按照籍貫。

㈡按照姓氏排列。

㈢按照學歷排列。

㈣按照身高體重排列。

…………

無論按照哪種形式處理，都只能隱約觀察其中一些情況，而不可能觀察所有的情況。命理利用出生點來排列，兩個普通小時內誕生的諸人，在某些方面確有許多類似的地方，這就是所謂的「類型」。

從此證明，命理絕不可能是宿命論。同一命盤或八字最多只是類似，並非相同，當然不可能「一個命盤造就一個命運」。

八字排列的雷同率好像比斗數要低一些，因爲四組干支完全相同，六十年才有一次，但這也是一廂情願的想法。略諳八字者都知道，八字的干支只有八個，卻負載了所有的人事關係，因此想不模糊都不行。

舉個例說，財分正偏，均主財物、物質條件和物質慾望。此外，正財看妻，無正財則用偏財，表示正偏財可以互換，因此財星遭到剋制，將應驗「破財」，若不破財或無財可破，則要「剋妻」。試想，天底下哪有這種荒唐的說詞！斗數將妻與財分開，而且不在三方宮位內出現（譬如命宮在子，財帛宮必在申、夫妻宮必在戌，申與戌隔一位，不能會照）。八字的偏財除了有物質的作用之外，同時又是父星，如此一來，豈非太太和父親的命運並無多大差異！

男命用正偏官觀察官稱（職位）或社會地位，但子女星也是官星，豈非陞了官同時也庇蔭了子女？

八字運程的吉凶，含糊且有歧義，比斗數有過之而無不及，舉個例說，喜用木火的人走到甲寅、乙卯、丙辰、丁巳，必是好運，可是甲寅和乙卯雖同是木，其中仍有許多的差異性存在，不小心觀察比對，容易出錯。

□同命與共盤是一個鐵的事實，研究命理必須突破這個預設的樊籠，始能奏功，目前似乎沒有多少人願意勇敢面對，原因爲何？

■原因是啥，我們也不清楚，大概還在做神仙美夢吧。

由於拒絕去面對這樣一個冷酷的事實，因此朝野算命普遍充斥著宿命論式的鐵口直斷，動輒斷言下列諸項：

㈠「你這個命無三小路用啦，簡直給王永慶提鞋都不配。」好像他自己的命就配似的。

㈡「夫妻宮煞忌全彰，定主二婚，剋後再娶，不準，砸我的招牌。」他的招牌大約是不銹鋼做的，耐砸耐磨。

顧客如果知道「七十七」的事，當面質問：「其他七十六人是否一樣？」該大師一定下不了台，可能要借尿遁而去？

55.爲什麼共盤只能推算共性？

□好像只有紫微斗數有所謂的「共盤」和「共盤只能推測共性」的問題存在，而其餘的祿命法就沒有？

■其他的祿命法當然也有，只是沒有人去研討去發掘和強調，看起來好像沒有而已。共盤的存在是客觀而且必然的，不管你承不承認都一樣。

命盤是共用的，故稱共盤。依照邏輯法則，共盤只能推測共性，也就是同樣生辰的人所共有或相類似的事項；共盤絕對推測不出特性（特別的事項）。

從這個觀點出發，命理將無所謂「鐵口直斷」，也必然排斥「鐵口直斷」。一般來說，鐵口直斷所斷言的，無一不是特性，下列這些結論，經常騰之於一些算命先生之口，民衆早已司空見慣：

㈠「命宮缺乏主星，身宮見太陰，根據古書秘訣，堂上有二親，而且是個獨生子。」

㈡「子女宮有吉而無破，妳將來必有一男一女，他們都會發達、孝順。」

㈢「這個命的夫妻宮煞忌全彰，宮與星均強，強則有敗，無法一妻到老。」

㈣「照命理結構看，閣下將出生在貧窮的家庭，父母是個工人，親緣甚薄，故十一歲喪父、十五歲喪母，對否？」

共盤所討論的，大抵是可推算的部分，就是命宮及其三方宮位所象徵的事項，包括事業的經營、財物的支配、人際關係的發展，以及結婚對象的尋覓；最多再觀察一下個性和現階段的心理狀態。若非可算的事項，共盤仍要束手。

□共盤若要討論特性，該如何來做？

■唯一的方法就是輸入所需的各種條件。

任何一個命盤，一旦缺乏「輸入」的手續，就不能談論特性，誰要是談論，準是論命「意識過度膨脹」，那是一種技術犯規。

話又說回來，即使意識膨脹，即使技術犯規，有時也會出奇地準；但是當你問他憑什麼斷準，他就傻眼，被逼急了，說不定祭出「天機不可洩漏」加以搪塞。技術出錯，答案仍對的情形很多，在方法學上這叫「偶合」(偶然符合)，是猜中而非推中。

下面這個故事極富啓示性，特抄錄出來，供大家玩味。有個人到海邊遊玩，發現附近一間教室的牆上掛了十三幅照片，他問當地的居民什麼緣故，居民答道：「這十三個人曾經在這裡禱告，後來航海失事，幸運地被救了起來。」那個人於是又問：「曾經在這間教堂禱告，但翻船溺死的人的照片，掛在哪裡？」

人們習慣把斷準的加以渲染，斷不準的卻三緘其口。這就是西方所說的「Men counted when hit, not when missed,（中了才算，不中不算）」。

因此對一些推論加以評估，是不得已的事。

56.哪些宮位引發的事項可以推算？

□生命歷程中發生的事項，若要記錄下來，八列火車都裝不完，在斗數命盤中，詳列有十二宮位，代表十二件人間大事，是否每一件事都可以據以推測，從命盤的轉移中加以透析？

■原則上說，符合或不違背下列這條普遍定律的推論，就是可算的：

「憑著個人的自由意志（free will），得以充分決定或選擇的事項，均在可推算之列。」

哪些事項可藉著個人的意志加以選擇或決定？在斗數命盤上，只有下列這些宮位以及所象徵的事項：

㈠事業宮——選擇或決定任何方式的事業經營。

㈡遷移宮——選擇或決定任何方式的人際關係。

㈢財帛宮——選擇或決定任何方式的錢財支配。

這些宮位正好都在命宮的三合方，與命宮構成一個扇形，又稱「三方」，加上命宮就構成古籍所稱的「四正」，是一個人進入社會之後，必須全力以赴、苦心經營的重心，也是一個人一輩努力的目標。這些事項之所以設在外面宮位，大約是指個人與家庭之外的環境。

假定把命宮當做0，順時鐘方向往前推去，父母宮就是1，福德宮就是2，田宅宮就是3，事業宮就是4，……夫妻宮就是10，兄弟宮就是11，我們於是歸納了一些模式：

第一、4、6、8、是構成扇型的宮位，屬於意志可以發揮的事項，必然可算。

第二、偶數宮除了上述之外，尚有2福德宮和10夫妻宮，原則上可以推論，只因不在命宮扇形內，直接影響命宮，故難免受到一些限制，所以只有部份可以推算，也就是說，影響只是間接而已。

第三、奇數宮位都是「非意志的」，所以不可推算。這些宮位大部分屬於六親宮，如1是父母宮，9是子女宮，11是兄弟宮。

□在這層層限制之下，命理確實不如傳統所描述和衆生所期待的那麼神奇微妙，簡約而言，它眞正的功能究竟在哪裡？

■依我們的淺見，命理最主要也是最大的功能，只有兩個：

㈠因爲是使用個人出生時刻爲條件，證明命理只是針對個人而設計的一種祿命程式，所以只能探討與他相干的事項，而不能探討與他不相干的事項。

㈡受到可以選擇或決定的事項才能推算的限制，命理（包括八字和斗數）的功能，無非當一個人面臨抉擇的時候，適時提供祿命方面的資訊，協助他下判斷。

5	6 遷移宮	7	8 財帛宮
4 事業宮			9
3			10 夫妻宮
2 福德宮	1	0 命宮	11

斗數只用三合而棄六合如敝履，這是一個特色。三合一是命宮，一是事業宮，一是財帛宮，譬如申子辰三合，假設命宮在子，那麼辰就是事業，申就是財帛，包括心理狀態在內的這三件事，無疑的將是每個人一生活動的重心。此外，坐落在對沖位置的遷移宮，是檢討一個人外出得失的宮位。

有人稱申子辰為三方，與對沖的午合為四正；也有人堅稱外在的辰午申為三方，加上命宮四正。何者才是正確？好像沒有人在意。

□生命歷程中哪些屬於重大或重要的抉擇？

■所謂重大的或重要的，必然都是相對的，視個人的需求度而定——而非絕對的，蓋絕對事項必然不能討價還價。以台灣現階段的社會環境和教育制度而言，下列諸項是比較重要或者重大的事項：

(一)國中畢業之後，究竟唸五專好，或者升高中好（以便將來投考大學），無疑的是出世以來所面臨的最大的抉擇。若是後者，高二時還要分組，在自然學科和人文學科之間，擇一適當的科目專攻。

(二)女性在畢業之後、男性在服完兵役之後，陸續走入社會，開始獨當一面；此時，究竟做什麼行業比較適性，自然值得關心。

(三)婚前擇偶以及該在哪個階段結婚比較適當，這是年輕男女另一種重要的抉擇。

(四)無論男女，在四十歲到四十五歲之間，將對目前所從事的行業或執行的業務，做一通盤檢討，決定是否換業。

57.哪些宮位引發的事項不可以推算？

□那麼，哪些事項在不可推算的範圍內？

■「任何人憑他的自由意志均無法決定或選擇的事項」，一概屬於不可推算。

在斗數命盤上，具有血親關係的宮位以及所象徵的人（直系血親如父母、子女和旁系血親兄弟、姊妹），均在不可推算的範疇之內。

從另一個角度看，生辰相同的人，六親宮位及星曜並無二致，可是衆所周知，他們的六親的興衰與得失，卻有很大的差別，絕非單純的命盤所能掌握。

六親宮位一律不與命宮照會，並自成一個系統。在命盤中，照入本命，即不照入六親；相對的，不照入本命，即照入六親。如果把這些宮位列出，計有下列這六個，正好一半一半，平分秋色。

㈠父母宮（第1宮）。

㈡兄弟宮（第11宮）。

㈢子女宮（第9宮）。

㈣疾厄宮（第7宮）。
㈤田宅宮（第3宮）。
㈥合夥宮（第5宮）。

前三宮分別屬於六親的宮位，由此證明，具有血緣關係的人的命運，無法使用我的命盤給予觀察或推測。剩下的三宮，疾厄與我有關，可是影響健康的因素很複雜，並非幾顆星曜所能涵蓋。從命盤無法追蹤田宅和合夥的消長，一者該二事純屬身外物和身外人，一者該二事無法確切獲知內容，自然無法有效掌握。

□有些人對規則不甚了了，並且違背邏輯法則，可是算起命來，準確度十分高，讓人覺得不可思議，這是什麼原因？

■現代學術的要求比較嚴苛，答案對，推論過程錯誤，就不能給分。就邏輯法則而言，共盤只能推測共性，而不能推測特性，因此凡是牽涉特性的推算，不可能推中（經由推論而命中），即使命中，必屬偶合。

有人於是又問，「為什麼剛好每次都猜中？」這就有所不知了，台灣的六合彩「特尾」命中機率是1／999，有些人吉星高照，硬是連中兩期，一般的事項多像選擇題，二選一或三選一，命中率十分高，譬如猜生男生女、猜父母誰先歿的機率都是二分之一，隨便猜隨便中，不是什麼難事。

□共盤不能推測屬於特性的六親，理由似乎不難，可是爲什麼古聖先賢不懂？

■爲什麼不懂，我們不是古人，當然不知。

就因爲不難，才讓我們覺得奇怪，譬如生辰相同，父母宮的星曜便無不同，可是父母的個別狀況，卻相當分歧，例如高矮胖瘦、學歷經歷、從事行樣以及窮通禍福，幾乎沒有兩個人是相同的，因此想從父母宮的星群組合判別他們之間的消長，顯然異想天開。現代人猛然一瞧，就知道是怎麼一回事，古人居然不懂，這才是我們百思仍不得其解的地方。

□田宅宮的好壞與吉凶，跟自己必有牽連，爲什麼在不可推算的範圍之內？

■此宮所象徵的事項，並非個人意志所能及，依理無法推算。

先天田宅宮作用有二，一是祖基，這是個抽象名詞，包含祖德門風在內，是歷代祖先累積下來的德業；二是祖居（祖厝），這是具體名詞，專指祖代留下的屋宅，但祖居這種事又有種種的差異性，別說同一生辰的人祖居互異，即使在同一系統之下的兄弟姐妹，她們命盤上的田宅宮結構，必然不會一樣。

後天的田宅是一個人的住家和藏財之所（財庫），此時則可以隱約觀察他這方面的吉凶狀況。

□疾厄宮不可推算的理由是什麼？

■疾厄在此泛指健康，而不涉及災難（意外災害如車禍、開刀和坐牢）。由於健康稟賦了父母甚至祖代的遺傳，未能充分掌握各種資訊並有效運用之前，不宜只根據幾顆星曜和四化的牽引，替自己或別人診斷病情。

從另一個角度說，同一生辰的人，不會同時生病、生同一種病，以及同時痊癒，自然也不會死於同一種症狀。所以使用疾厄宮究竟能推測什麼，不無疑問；最重要的還是，醫學已發展成另一門學問，習命者多未曾習醫，不宜貿然替人斷症，以免誤導病情，延誤醫療的時機。（這個部分的詳情，請參考〈卷十二、疾厄與災難卷〉）

□奴僕宮的吉凶爲什麼不可推算？

■奴僕宮是古籍的寫法，現在改爲職員宮或朋友宮、交友宮、合夥宮，都是權宜之計。此宮之所以不可推算，是當上述事情（交友、合夥）尚未發生時，你永遠不可能知道那個人是誰；一旦不知誰是誰，又如何推斷他們與我之間的吉凶？

□那些事項既然無推算，爲什麼還要列出宮位？

■一般猜想，陳希夷和他的門徒在一千年以前，不一定知道生命歷程中許多事情具有個別差異性，使用共盤無法推測，仍然擬定宮位，加以規範。我們不必求全責備，當時科技落伍，統計學與邏輯學等學術法不懂是應該的，懂了才沒道理。

不過，那些宮位不見得全然無用，推算大限或流年行運，就派上用場了，此時不必再排一張命盤，只要依男女性別順反時鐘方向推移即可。

□夫妻宮既不在命宮的三合，也不在血親宮位的三合宮，究係可算抑或不可算？

■夫妻宮在命盤上的地位相當尷尬，因爲不在奇數宮內，照理是可以推算的，可是它又不在命宮的三方，可憑自由意志充分抉擇，因此我們將婚姻劃分成兩個階段，加以評估：

(一)婚前擇偶，此時的對象未定，完全不受血緣關係控制，是可以推算的！

(二)等到擇定，進而成爲血親——子女的血親——那麼依照血親不可推算的規則，自然不能加以妄斷。

婚姻屬於「一半可算」，也就是擇偶可算，結婚之後的得失包括婚姻美不美滿、是否變成怨偶、會不會離異等等，則不可推。

□婚姻成敗屬於不可推算的理由，是否與配偶條件有關，因爲條件不同，結果必然不同？

■那是當然的。若不輸入配偶的條件，雙胞胎一個離婚，另一個卻白首偕老，究竟是怎麼一回事，就迷惑了。

58. 什麼是絕對事項和相對事項？

□除了可算與不可算分際之外，現代命理又有兩個名詞：絕對、相對，一般人不容易理解這與推算法則又有什麼瓜葛？

■「絕對」的英文是absolute，根據德國哲學教授布魯格(W. Brugger)編輯的《**西洋哲學辭典**》（一九七六年中文版）指出，「絕對又稱無所關連的、不受制約的、存在於自身的，意即完全或在某一觀點下，擺脫與他的關係者」。從概念的觀點看，絕對無須借助他物而定義。從有效的觀點看，絕對的是完全不繫於任何件而能成立者。從另一個角度說，絕對的是一成不變的，不能討價還價的，在生命歷程中，凡是血緣關係存在的人，都屬於絕對事項，有如佛教所說的「定數」，由於定數不可改，只好默然承受。

□命理主張中，哪些事項屬於絕對的、不可推算的？

■很多很多，大抵而言，凡是個人憑他的自由意志全無置喙的餘地的事項，必屬絕對，任憑閣下使出吃奶之力，均屬枉然。這方面以六親爲主，隨便舉幾個我們在論命中經常碰到的實例：

㈠有個朋友自小備受父母虧待，他希望我告訴他「生爲現在父母的子女，究竟是來報恩的還是報仇的？」我說此事最好去問註生娘娘。

㈡有個人老是抱怨哥哥傷害了他們幾個弟妹，要我幫他算算「基於什麼樣的理由，才跟他哥哥做同胞，而且還要替他揹負債務？」我說這恐怕要麻煩觀世音菩薩親自出馬。

㈢「這個女人我才認識三天，就跟她上床，三個禮拜後牽手走上紅毯，這倒底是我吃錯了藥，還是前世結下什麼孽緣？」我建議他買一本**《醒世姻緣》**好好拜讀一番，因爲他的問題太複雜了。

㈣「我那幾個孩子好像還滿不錯的，我極想知道他們爲什麼要成爲我的孩子，你能告訴我嗎？」我想我要是知道答案，八成已臻大羅金仙的境界，從此不必研究命理，又研究得這麼辛苦了。

㈤有個護士問我，「三十年前，北一女有個漂亮的女學生遭遇車禍，被撞成植物人，現在還躺著，她的父母爲了她，弄得生趣全無，這究竟是怎麼回事？」我當然知道是怎麼一回事，可是說來一定沒人相信，乾脆打啞謎算了。

㈥「算命先生預言我將在某年某月某日亥時，往生西方極樂淨土，出殯之日，風和日麗，鳥語花香，有二子送終，他憑什麼做這這種預言？」如果該術士是轉輪王乘願轉的世，當然可以洩漏死期的天機，這沒什麼稀奇。有人曾經強調，命理必須能解答那些問題，才配被人稱讚，算命先生也好，命理學者也好，他的功力才算一流，否則只能躲在巷口或夜市擺地攤，讓過往路人側目。這位仁兄顯然活在十八世紀，一切充滿華德迪斯奈般的綺旎玄想。

□那麼什麼叫做相對的？

■「相對」的英文是relative，《**西洋哲學辭**》指出，「凡是和另一物有關，或者自身即屬一個關係的攜有者」，就是相對的。就概念而言，定義中包括與另一事物發生關係的，就是「相對」者。就存有而言，僅因與另一物有關係，始具意義。相對的另一層意義就是，在不同的時間地點，有不同的意義，視當時的時空條件而定。可以這樣說，所有的相對事項均因時制宜、因地制宜，所以必須輸入所有相關的條件，才能推算，也才可望達到客觀的要求。

□哪些事項屬於相對事項？

■與絕對的事項相較，意外地發現相對事項實在不多，有點相形見絀的樣子。但是，凡是閣下想做就能立即動手的事，大概都屬於相對事項，所以認眞探測起來，仍是滿多的。舉幾個日常生活碰得到的例子，供大家參考：

(一)「老王邀我跟個會，要不要參加呢？」民間互助會的利息較高，但有倒會的顧慮。

(二)「我今年想換部進口車子，可是老婆不答應，該如何是好？」換了新車，派頭足夠，對業務拓展有助，但鐵定多出一筆開銷。

(三)「乙公司的業務經理希望我跳槽到他們單位，究竟去好還是留下好？」乙公司的制度比較健全，前途看好，可是新單位總是不如舊單位容易混。

(四)「我想再度出國深造，弄個博士學位回來，何時才是適當時機？」且前手邊工作很多，無法放下，現在不唸，以後歲數越大，更覺力不從心。

(五)「阿嬌和阿娟都是甜姐兒，也都深得我心，到底跟哪個結婚才能鶼鰈情深？」這是魚與熊掌不可兼得。

(六)「移民海外好嗎？」一切重頭開始，不見得完全有利。

……

……

□預先釐清絕對與相對的關係，有什麼特別的用意？

■預先分辨何者能算、何者不能算，應該是方法學上一個重要課題，優點不勝枚舉，最大的是對那些不可推算的絕對事項，不必多費口舌，而專注在可算的部分，持之以恆，必能修成正果。傳統研究方法所研究出來的成果看似冠冕堂皇，可是在嚴格的方法學檢證之下，幻象馬上被拆穿，理論依據立刻變得荒唐可笑，類此之事堪稱俯拾皆是。土法煉鋼的研究用在推測上，通常會出現下列兩項無可奈何的事：

第一、許多人斷準了一件事，被驚爲神異，可是竟說不出爲什麼會準，即使說得出，該理由也是不夠客觀，難以取得衆信。

第二、許多人斷不準某些事，也不知爲什麼不準，下次遇到，仍然不準。

透過方法學的指導，上述的窘狀，立刻迎刃而解。

簡約而言，方法學就是指導研究者正確步驟的方法，懂得方法的人在消極意義上可以避免走冤枉路；積極意義則是在正確的引導之下，很快就能參透祿命術的玄秘，進而一窺堂奧。舉個例說，某甲去算命，算命先生說：「閣下兄弟宮煞忌盤踞，同胞稀少，即使有之也遭剋盡，故註定是個獨子。」對嗎？對極了，簡直比他的鄰居還清楚。他娘生了四個子女，只有他一人活存。可是你問如何看出的，他通常會說古籍記載的，不信請看：「廉貞在兄弟宮主稀少，羊火鈴空四煞照入，忌星牽引（丙年出生），主獨子，即有亦剋。」根據這樣的理由，我們能因此肯定從命盤上可以推測出同胞數目、排行以及他們的興衰嗎？方法學指出，六親興亡的推算是所謂的「程式的不能」，即使太上李老君提刀上陣，也要望盤興嘆。八字和斗數雖列有推測的公式甚至秘訣，言之鑿鑿，好像眞的，事實上根本不是那麼一回事。

□研究命理居然用上邏輯學，是否有「牛刀殺雞」之譏？難道不瞭解或不會運用邏輯學，就無法研究學問？

■邏輯是「正確思考的工具」，我們每個人每天幾乎都在做各種思考，其中一部分牽涉推測和判斷，結論是對是錯，可能沒什麼把握，此時若能借重邏輯推論，立刻知道結論正確與否。今天這個時代不懂邏輯學便無法研究學問，如果把命理當做一門學問來探討，顯然需要邏輯的指導。

許多推論，乍看之下就知道是錯誤的，因爲通不過邏輯的檢證。算命先生預言道：「這個孩子的命理結構實在太壯觀了，將來一定拿到博士學位，然後在公家機關任職，陞到局長的位置。」這種預言（推論）的準確度如何？相信大部分的人會不置可否，因爲未來的事誰都拿不準；但稍具邏輯的概念的人，將清楚地看出該算命先生不過是在那裡信口開河，尋人開心而已。依照邏輯推理，假若這種命格的人未來必循此路以進，那麼同一生辰的人，一律唸到博士，一律在公家機構等因奉此，假以時日，也一律陞到局長的職位。

有人根據夫妻宮「貪狼加煞」這一條件，歸納出將來可能結婚兩次，你若問他爲什麼如此篤定?他一定會這樣答道：「紫微斗數全書寫得一清二楚，之所以要如此交代，一定有它的理由，因爲該書是陳希夷撰寫的，他的秘訣難道還有錯?」諳邏輯者知道，這種推論顯然犯了「濫訴權威」或「訴諸不當權威」(appeal to arthority)，以及「乞求論點」(begging the question)的謬誤，陳希夷雖據稱是斗數的創始人，可是他的話不見得全然正確。這些討論，由於欠缺邏輯學的概念，當然不會有什麼證據力。

59.命理有哪些普遍定律？

□有沒有一些放諸四海皆準的普遍定律，提供給斗數學者做爲學習的參考？

■科學方法學上說，居於關鍵地位而且普遍界域較大的敍述，就叫「定律」或「普遍定律」。科學定律有一個特色，就「可實驗性」，又稱「互爲主觀的檢證性」(intersubjective testability)，意思說是，一個理論產生後，必須經過同格的專家利用不同的主觀的方法，予以檢視，證實檢驗結果，與理論架構相同，這樣的理論才能取得科學的資格，被人引用。否則，只是私人經驗 (private experience)，也就是中國人所迷信的「祕訣」，沒有人會承認。普遍定律歸納出來，命理也可以像數學、理化一樣，推算到一個瓶頸的時候，代入一條公式，立刻迎刃而解。

命理的現代化方興未艾，一切都在草創狀態中，現有的定律無疑的都十分簡陋、粗糙，與自然科學簡直不能相提並論，但是有總比沒有好。我們暫時只能規劃一些區域，釐清可算與不可算的範疇，讓初學者遵循避免重蹈覆轍。若要達到現代數理的程度，恐怕還要一段遙遠的路程，有待大家共襄盛舉。

另一個原因是，傳統的斗數有很多很多的主張在歸納統計上本來就違背普遍定律，必須糾正，隨便舉個例子：

㈠從「武曲是財帛主」，推論到「武曲爲財星」，這一過程，必須附帶實驗的數據，如果提不出數據，那麼結論便不是正確的，甚至連最起碼的經驗都通不過。

㈡從「天同是福星」，來推論「天同不化忌」，情況亦同。

任何一種論證形式，必須經過合格的斗數專家多方實驗證明，理論與實際完全符合，才能取得共信，進而成爲一個定律。當我們提出「當環境因素大於或強於命理因素時，不能僅憑命理因素加以推論」這一理論時，它的普遍性幾乎是放之四海而皆準，因爲可以涵蓋各種狀況。

在科學方法學中，抽象度越高的定律，涵攝的範圍越廣，普遍性也就越高。例如「當一個人與另一個人有關，推論時必須輸入該人的條件」，則是抽離度非常高的定律。

替命理做歸納並建立普遍定律，是我們目前積極進行的工作。我們確信，在某些普遍定律被建立之前，所謂的客觀、系統，都是奢談。

□很多人都說，命理不同於自然學科或一般社會學科，甚至必須獨立於那些科目之外，因此不能利用科學定律加以約束，此說是否可信？

■命理的定義應該是「祿命的方法」，或「分析命與運的一種推論方式」，這個「理」字，可視爲定理、法則或推論程序，跟我們一般熟悉的數理並無不同，也就是使用一個或一組已知的定律,來詮釋已經發生了的現象,在方法學上,這種情形叫做「後斷」(postdication)，譬如法醫驗屍，找出死因和死亡時間，協助刑警破案。如果依據類似的經驗，預斷尚未發生的現象,就是「先斷」(predication) 譬如預測月蝕、預測哈雷彗星出現。先斷與後斷其實是一樣的，由於受到傳統宗教和神秘術數的影響，先斷總是讓人驚爲神異。

某甲34－43的大限走到己巳，廉貪坐守，是個「殺破狼」兼「紫廉武」的星群組合，我們若要推測他在這步運程中的得失，依照推理的步驟，不外乎如此：

㈠大限事業宮在酉，內有七殺、武曲二星坐守。

㈡影響事業宮的其他宮位，包括夫妻宮的天府，財帛宮的紫微、破軍。

㈢大限宮干爲己，武曲化祿，進入事業宮。

依照見祿即吉的經驗，這步大限的事業是吉祥的，成功率拉高，世俗的說法叫走事業運，無論從事開創或者經營，都締佳績。如果此人現年二十五歲，就是先斷，若是四十五歲，則是後斷。

□命理雖然不是一種嚴謹的統計學，卻能隱約推測一些人生經歷，依據的方法是什麼？

■勉強猜測，也許是這樣的：

㈠六十年前有個人在他的生命歷程中發生了一些重要事項，被記錄下來，可以做爲六十年後同一個時區另外一個人的參考。

㈡統計命盤的結構及其中變化的軌跡，發現祿忌進入某個宮位之後，產生了某種預期的效應，譬如化忌侵入財帛宮，此人就有失財的現象，因而推論過去如此，現在如此，未來也必然如此。

□命理的普遍定律，究竟能普遍到什麼程度？

■自然科學中的定理、公設、定律，所涵蓋的時空層面都相當遼闊而且長遠，命理定律希望也是如此——「放之四海而皆準」。

命理仍被譏爲迷信，關鍵在於客觀度不夠，而不夠客觀顯係缺乏系統性和普遍性造成，人云亦云，以訛傳訛，多數主張通不過客觀的檢證，無法讓人採信。除此之外，可算的也算，不可算的也算，根本就在打迷糊仗，公信力自然降低。普遍定律確立之後，這種窘狀將可消失於無形。

□迄今爲止，已歸納出哪些普遍定律？

■下列這些只是已發現的部分，由於我們不是自然學科的專家，本身又未曾受過嚴謹的科學訓練，希望有識之士指教，並予以修正，使它們更具普遍性與涵蓋面。

(一)**凡是憑個人的自由意志所能決定或選擇的事項，才可推算。**（譬如事業經營、財務支配和人際關係的建立。）

(二)**上述的逆定理，則不可推算。**（譬如六親的興衰。）

(三)**佛教所謂的定數，或一生中只能做一次的事，均不可推算。**（譬如死亡。）

(四)**當環境的因素強於或大於命理因素時，不可以僅用命理加以推算。**（譬如考試能否中榜、選舉是否當選，以及婚是否離得成。）

(五)**當此人與彼人有關，或此事與彼事有關時，必須輸入該相關的人事，才能推算。**（譬如婚姻的成敗、合夥人中誰優誰劣。）

(六)**任何一種吉凶現象，充其量只是一個狀況，須有呼應的行爲，才會發生。**（譬如現在正走財運，上班族仍然不會發財。）

60.條件要怎樣輸入？

□現代命理注重個別差異的探討，故強調輸入條件的必然性，藉以辨識其間的性質的不同，但一般認爲，如果共盤可以推算，何必多此一舉？

■論命論到技術分析的層次，必須輸入相關的條件，才能客觀而且有效，也才能分辨幾個事項其間的優劣、得失。輸入，與電腦的作用相同，叫in put，意思是把資料代入一個既定的程式中，然後得出更完整、更周延，而且與衆不同的結論。理論上說，不同的人事進入我的命盤之後，必然產生一些特殊狀況（吉凶良窳），由於這些特殊狀況的存在，我的命運將有別於與其他同一生辰諸人。

例如：只要生辰相同（共盤），我的父母宮星群組合和天下人的父母宮將無二致，但是輸入雙親個別的條件之後，我跟雙親的緣分與其他諸人跟他們的雙親的緣分，自然有所不同，此理甚明。算命若眞的想探討父母與我的親情緣份，這個步驟是不能忽略的。此外，老張五年前開了一家超級市場，去年開了連鎖店，兩個店面的業績一定不同，不輸入個別的條件，在他老兄的命盤上（命盤上的共宮）所顯示的吉凶軌跡，卻無二致，自然也不知哪家突飛猛進，哪家卻門可羅雀了。

□不輸入條件或不懂得輸入法，難道他算命就不準？

■不輸入條件的命盤就是共盤，使用共盤當然不可能透澈運勢的吉凶，討論比較細膩的命運得失，進入命理的最高層次。舉個例說，婚姻的成敗必與配偶條件的良窳有絕對的關係，如果不輸入或拒絕輸入配偶的條件，就哇啦哇啦說了一堆，那些說詞無論如何讓天花亂墜，如何驚天地而泣鬼神，客觀度必然不高，而且也不可能探知成敗的關鍵所在，這樣的算命結論是不可能獲得認同的，因爲同樣生辰的人將毫無例外，而雙胞胎一個離婚，另一個卻鶼鰈情深，也不知究竟怎麼一回事。

當我們討論某人爲什麼急著想要離婚時，蒐集得到的條件可能包括下列：

㈠在忌沖的年度結婚，是所謂「壞的開始」。

㈡目前大限夫妻宮遭忌沖破，感情齟齬，出現無法彌補的裂痕。

㈢今年走桃花運，第三者公然介入。

上述條件俱足，代入各自的命盤，將會發現一些遠因和近因。當然，光是如此，仍不表示婚離得成或離不成，因爲離不離婚，影響的條件尚有許多，不能一概而論。

□條件輸入的宮位，究竟以本命爲主，抑或以歲運爲主？

■應視所探討的項目的大小、輕重而定。譬如：

(一)「我想結婚，剛好有兩個不錯的對象，跟哪個比較合適？」

這個問題由於牽涉到基本型態，自然要把條件輸進先天命宮和夫妻宮中，仔細觀察，才能判斷。

(二)「在下做個稱職的上班族已有十五個寒暑，目前極想轉型，努力衝刺一下，剛好有個朋友要開公司，找我投資，不過我也想自己開創，到底選擇哪個較為適性？」

這個問題比較繁複，最好先斟酌先天結構，瞧瞧是否適於創業，然後再考量目前行運的得失，評估能否做合夥生意。

但是下列這類問題，只要輸進大限命盤即可：

(一)「今年想換調職，做業務好？還是管財務好？」

(二)「我想投資其他的行業，朋友不少，但並非每個人都能助我生財，究竟投資誰好？」

有些問題規模更小，輸入大限常感緩不濟急，例如這筆錢拿來置產或購買公債好？今年買賣股票或房地產比較合算？把貨賣給哪個顧客才不會被倒債？這些事項相當瑣碎，幾乎只能在流年甚至流月中斟酌了。

□輸入所需的條件後，原先不能推算的事項是否從此可以獲得解答？

■有些勉強可算，有些仍像老虎吃天——不知該從何處下手。

譬如推算老張開的那兩家土產店的營運狀況，利用「定宮原理」輸入個別的條件之後，可以清楚看出兩者業積的消長，確實不同。

但是，輸入配偶的條件之後，原來不能推測的事項例如能不能生個壯丁，以繼香火，仍要傻眼，因爲這類六親的興衰，本非命理所能推知，不管輸入什麼條件，仍然辦不到。

□輸入配偶的條件後，能看出會不會離婚以及婚離得成嗎？

■只能隱約看出一些端倪。

離婚一事牽涉的外在因素很多，像家族權威、社會地位、子女監護的問題（另文討論），光輸入配偶一個條件，絕對不夠。否則便是違反了「當環境因素強於或大於命理因素的時候，不能只考慮命理因素」這一普遍定律。

□配偶的條件輸入後，可望測出子女的種種嗎？

■稍微可以。

例如老李夫婦養育了三個子女，他們之中誰的性格比較像老李或李嫂（遺傳基因中的隱性或顯性），原則上是可以判別的，但是性別順序，譬如生了兩女之後再舉一男，原因是啥，迄今仍然無法窺破。

依目前的社會狀況說，子女的數目可以控制，八成的人已無生出一群兒女的興趣了，否則教育和生活費用就要他的老命，可是性別順序方面，連婦產科醫生自己生孩子都無法如其所願。

有些時候，輸入子女個別的條件，可以依稀看出哪個比較孝順、聽話，將來可望奉養雙親，哪個比較自私、叛逆，無法養兒防老。不過這個部分頗爲複雜，只能看出梗概。

□哪些事項即使輸入條件，仍屬枉然？

■很多很多，顯示造物者的神秘不可測，也顯示人的力量微不足道——「人永遠不能勝天」。隨便統計一下，至少有下列這些：

(一)輸入所有血親的資料，仍然無法掌握他們與我的利害關係以及緣分厚薄（像我生爲我們黃家的子孫，究竟是來敗家的抑或光耀門楣的，完全不知）。

(二)輸入父母的條件後，看不出他們往生之日，以及像父親還會不會陞官、母親去年被倒的那筆錢要不要得回來。

(三)輸入子女的資料後，仍然無法測知他們的學歷多高（包括今年考不考得上大學）和未來的成就（到底會經商或者從政）。

(四)輸入合夥人的資料後（並非拿他們的命盤出來對照），仍無法看出他們目前的事業運與財運走勢，以及我會不會受他們拖累，導致血本無歸。（按：這個部分目前已經有了一些突破。）

㈤輸入某個異性朋友的資料後，仍然無法獲知她的品德、情操和處事待人的能力，以及婚後有無外遇、會不會生離死別。

原則上說，輸入原本就屬於「程式的不可能」的事項，至多能稍微看出一些模糊的概念，而不能清晰到像放在眼前那樣。

命理結構本身因爲是殘缺不全的、粗略的，即使透過方法學的指導，許多結論仍是破綻百出的。我們認爲與本人的關係越遙遠，顯影的清晰度自然就越低，即使輸入所有可靠的資訊，多數情況仍與猜謎沒什麼兩樣。

□該如何輸入？也就是輸入的技術是什麼？

■遺憾的是這個部分必須暫做保留，因爲一些技術尚待突破，等到完全運用純熟，並且能夠歸納出一些普遍定律之後，一定公諸於衆。

卷九 命的強與弱

斗數命盤中，只有紫府在寅申坐守的那兩張，每個宮位都至少排到一顆星，沒有強弱的區別，其餘的命盤運程行進中，有的宮位有星、有的無星，判斷起來，任誰都覺得十分吃力。

命與運的強弱關係，可分下列四種：①弱命走了強限，②強命走了弱限，③弱命走弱限，④強命走強限。由於大限轉移所涉之宮，不是很固定，吉凶禍福，無法概括而論，因此有人問道：「命與運的強弱該如何分辨，如何取捨？」就推算的技術而言，這當然是個「大哉問也」。

61.命運的強弱如何分辨？

□據說，某個宮位不見一顆主星，表示該宮是弱宮，請問：弱宮有什麼缺點？

■所謂「無主星」的主星，係指十四顆主星而言，六吉與六煞以下均不包括在內。弱宮在條件上必呈弱勢，該宮所象徵的事項，個人比較無法承受，一旦發生事故，也將無力扭轉乾坤，只能放任它敗壞下去。該宮若是事業宮，將應驗在事業的經營與管理上；若是遷移宮，將應驗在對外的行爲表現與人際關係上；餘此類推。

□有些人的命宮雖見主星，可是三方諸宮卻有一至三個無主星，這種情形是否也屬弱勢？

■空宮越多，基本結構就越弱，這是毋庸贅述的。斗數命盤以巨日在寅申坐命（例如這個甲午年命的財帛宮）那兩張爲最，外在的事業、遷移和財帛均無主星，所以該三宮均判爲弱宮。

□這位老兄的命宮無一顆主星，有什麼缺點？

■命無主星跟其他十一個宮位無主星的結果，大同小異。不過，命宮是斗數論命的樞紐，無論吉凶，感受起來，自然強烈一些。此人命宮欠缺主星，因此在心理狀態上，將有下列一

<table>
<tr><td>紫微 七殺 文昌
己巳 兄弟宮</td><td>火星 地空
庚午 5-14 命宮</td><td>天鉞
辛未 15-24 父母宮</td><td>鈴星
壬申 25-34 福德宮</td></tr>
<tr><td>天機 天梁 地刼
戊辰 夫妻宮</td><td colspan="2" rowspan="2">男命一九五四甲午年十月×日巳時</td><td>廉貞祿 破軍 文曲
癸酉 35-44 田宅宮</td></tr>
<tr><td>天相 擎羊
丁卯 子女宮</td><td>甲戌 45-54 事業宮</td></tr>
<tr><td>太陽忌 巨門
丙寅 財帛宮</td><td>武曲 貪狼 左輔 右弼 天魁 陀羅
丁丑 75-84 疾厄宮</td><td>天同 太陰
丙子 65-74 遷移宮</td><td>天府
乙亥 45-54 合夥宮</td></tr>
</table>

命宮坐午，三方宮位是寅戌子，從這些宮位可以明顯看出，命與事業均無星（所謂的有無星，概指十四顆主星而言），上述事項在一生的歷程中，比較弱勢，不但所獲不多，而且得來也比較艱辛。

剩下的遷移與財帛，星曜全部加起來是四顆，因此整個命局也呈現弱勢，不難理解。其中的財帛宮還見忌，理財這件事，將是這輩子最弱的一環。

些影響：

(一)坐宮既弱，大部分的人會離鄉背井，出外闖蕩。有些人即使不離鄉也會從事往外發展的行業，例如推銷、業務代表，一天到晚在外奔波。

(二)所有的主星都在外面，外在宮位一如社會環境，因此完全接受環境的作用，成爲環境產物。這種人主觀意識薄弱，容易隨波逐流，見風轉舵。

(三)行運遇到忌星，或者忌星挾煞（外在三方有忌有煞）射入時，比較無法消受，也比較無法以壯士斷腕來處理棘手的事務。

優點不是沒有，譬如他們就能夠充分吸收新知，極易贊同或聽從別人的意見——不會過分固執，這是現代分工合作的社會所欠缺的現象。

□財帛宮巨日坐守，巳時的太陽已旺，遺憾的是被羊陀夾制，這樣算不算弱宮？

■煞星分有三組，均能包夾某個宮位，故有羊陀夾、火鈴夾、空劫夾等情形。除此之外，還有一種夾，就是兩個忌星夾一個宮位。原則上說，只要被夾制，就算弱宮，但意義、作用又因主星的有無而有所不同。

煞星夾的宮位，宛如被兩個彪形莽漢甚至凶神惡煞，從兩旁緊緊掐住，無法動彈，如果被夾的是財帛宮，財物的支配權被人控制，賺錢困難，錢財的流通也屬不易；如果被夾的是事業，事業經營和管理屢現敗績。因此先天的財帛自以弱論。但此人是巳時出生，此時太陽已經高懸，不太怕夾，這叫「星旺不怕夾」，也可以從衆叫做「宮旺不怕夾」。

附帶說明一下，這些夾宮，我們只承認羊陀夾和祿忌夾，其餘的火鈴夾與空劫夾則棄之不用。蓋羊陀夾和祿忌夾具有普遍性，也就是任何一種年次生人都適用；其餘的則只能符合一部分人，譬如火鈴夾非寅午戌年生人莫辦，空劫夾非丑未巳亥四時生人莫辦，顯然有欠周延。

紫雲先生有另一種看法。他說，火鈴夾的作用仍強，譬如火鈴夾太陰、夾貪狼，這類夾也算一種格局——火鈴夾太陰，「反成十惡」；火鈴夾貪狼，「威鎮諸邦」。

□有些人霉星高照，被夾之宮的主星又兼化忌，有如「屋漏偏逢連夜雨」那樣悽慘，這種現象到底有什麼禍害？

■被煞星包夾，已經難以動彈了，如果被夾之宮又見化忌，那將形成另一種結構——「煞夾忌」，這個甲午年老哥顯然就是「羊陀夾忌」。經驗法則指出，這是一種「敗局」，此宮所象徵的事物，是一生中最弱，也是最難以克服的一環。

「見忌」之說，有兩種情形，一是命宮坐守，一是從三方會照，當以坐守的破壞力與殺傷力較大。

□如果剛好相反，煞夾的是化祿，情況會不會好些？

■自然會好些。這種情形就是環境雖然很糟，但本身條件尚佳，發奮圖強，生聚教訓，伺機自我開創，成就仍然可觀。

祿星代表福澤、自信和享受，見祿的人總會得到他所應得的，即使被煞忌夾制，也不會被剝奪殆盡。

□雙祿夾和雙忌夾，有哪些不同？

■雙祿夾輔的宮位，好像左鄰右舍住著一群樂善好施的人，或者就像住在台北敦化南路那些高級樓房一樣，可以暗中拱我托我。這種愜意的景象，雙忌夾的人作夢都難以想像。

□雙煞夾和雙忌夾的宮位，有主星和無主星，差別是否很大？

■差別大是當然的。

夾宮有星，好像一個正常人受到掣肘，自由有限，仍可動彈，譬如這個甲午年命田宅宮在酉，廉破坐守，若改爲辛年生，羊陀夾宮，因爲諸星旺極，羊陀這兩顆煞星想完全將該宮制伏，不會那麼簡單。

夾宮無星，則有如一個身體原本羸弱的人，再遭社會無情的打擊，隨時都有斷氣之虞。甲午年這位仁兄的財帛宮本弱（除了巨日之外，三方未再照入一顆主星），羊陀夾制，太陽化忌，幾乎所有的缺點全部遇上了，所以一生的錢財與福祿，受到徹底摧毀，看來既不會發財，也不是能享受財福的人。

62.行運中不遇化星會怎樣？

□行運中不是每一個大限都受到四化尤其祿忌的照應，萬一碰不到一顆化星，此時該如何判斷大限的得失？

■不遇四化牽引的大限，我們稱它爲「靜限」（平靜之限），意思是說，十年內沒什麼重大的事項，從運程軌跡中被凸顯出來。

前文那個甲午年命大限到丑——此時業已年高七十有五，不太可能執掌事業了，僅做參考而已——武曲貪狼坐守，甲己年人走到卯，宮干爲丁，四化的分布情形是：

㈠太陰化祿在子，這是大限的兄弟宮。
㈡天同化權在子，這是大限的兄弟宮。
㈢天機化科在辰，這是大限的田宅宮。
㈣巨門化忌在寅，這是大限的父母宮。

四化牽引的位置，無一與大限有過瓜葛，因此表面上這是「殺破狼」兼「紫廉武」（「紫微朝垣」）等強勢組合，結構強旺異常，命理環境十分壯觀，但因四化不曾牽引，這個十年可能風平浪靜，沒什麼大事足以讓他牽腸掛肚。

□「靜運」是否暗示此去十年都是西線無戰事，可以高枕無憂？

■也不盡然。

即使處在風平浪靜的運程中，仍會因爲某些流年的到來，祿忌不期然現身，「靜運」於是一躍而起，成爲「運動」，就會捲起袖子，跳出來大幹一番。以此限而言，下列年分到後，內心就會蠢蠢欲動……

㈠甲年，廉貞化祿，在財帛宮牽引。

㈡丙年，廉貞化忌，在財帛宮牽引。

㈢戊年，貪狼化祿，在命宮牽引。

㈣己年，武曲化祿，在命宮牽引；文曲化忌，在財帛宮牽引。

㈤辛年，文昌化忌，在事業宮牽引。

㈥壬年，武曲化忌，在命宮牽引。

㈦癸年，貪狼化忌，在命宮牽引；破軍化祿，在財帛宮牽引。

六種年分之中，甲戌之年大吉大利，求財可望順遂；丙辛年大破大凶，尤其不利事業開創；壬年見忌不見祿，小破。其餘的己癸之年，各有利弊，吉凶參半之年。

當然，在靜限的大前提下，上述年分雖然略現動象，可是一年容易，過了除夕，一切恢復平靜，除非下一年的祿忌又緊跟著前來引動，譬如戊、己，這是緊鄰的兩年。

63. 三奇嘉會就是強運嗎？

□這位甲午年老兄目前（35～44）正處於強勢運限之中，理應施展所學，過關斬將，開創空前未有的新機運。一般認爲，這步癸酉大限是如假包換的強限，究竟要符合什麼條件，才算強限？

■從命盤看，強限的構成須有下列三種情形之一：

第一，外在三方諸宮均聚有主星。

通常，這是針對前一個弱限而說的，例如他老哥從申到酉，申無主星必弱，酉的三方共計照到七顆主星，強旺無比。

第二，大限四化中的祿權科分別照入大限命宮，當以旺論，在古典斗數中，這種情形又稱「三奇嘉會」，向以吉祥視之。

第三，大限祿星進命就算，不一定要祿權科會齊。此限破軍化祿，大限命宮自坐，但貪狼化忌，從事業宮照入，命與三方諸宮受到祿忌牽引，就是典型的強限。

第二項的說法我們已不太認同。

□有強限必有弱限，弱限的標準又在哪裡？

■弱限多半是指下列這些狀況：

㈠大限命宮欠缺主星，例如這位仁兄的午未申及戌這四個宮位，不見一顆主星，歲運經過此宮，便是走在弱宮之境。

㈡大限命宮雖有主星，但是外在三方有兩宮以上無星，假設這個甲午年命是個女性，逆行至寅（45～54），則她的事業、遷移、財帛三個宮位俱不見一顆主星。

㈢大限忌星坐命，譬如逆行至辰（25～34），天機化忌，就在命宮內坐守，當以弱論。此外，從遷移宮照耀也算，只是殺傷力遞減，譬如初限天同忌從對宮射入。至於順行戌宮，大限忌斜照進來，就微不足道。

大限是行運所經歷的命理環境，弱限表示環境微弱，不能襯托一個人成就事業；除此之外，還不能犯錯，否則越弄越糟，蓋無力扭轉乾坤也。

紫雲先生認爲，弱限當包括①大限主星落陷；②三方無吉扶也無吉化。

□命宮弱與大限宮弱，何者受創較重？

■斗數十二張命盤中，只有紫微天府居寅申那兩張，每個宮位都至少配到一星，所以後天行運無論走到哪個宮位，都不算弱；而以紫微七殺在巳亥那兩張最不平均，其中有四個宮位配不到一星，當中又以巨日坐寅申爲甚，外面三宮竟無一宮有星。

星曜聚集過衆，也非吉兆，蓋「過猶不及」也，與中國祿命之學講究「中庸之道」精神有悖。譬如紫殺在巳亥、紫破在丑未、武殺在卯酉、廉破在卯酉等宮坐命，這些組合都是七星拱照，強度正好是巨日在寅申的三點五倍。

原則上說，各宮均坐主星，命就強旺，主觀意識強，不會隨波逐流，「風吹牆頭草，分做兩邊倒」。運強則意味著環境強，處事有效率，比較不怕化忌挾煞來襲；弱運主見弱，常會妥協，受命運擺佈，遇到化忌照射，往往無法適應，更遑論改變環境了。

□弱宮見忌，三方宮位均難以消受，但弱宮見祿，是否因此旺了起來？

■這是當然的。

弱宮最怕化忌星再來衝擊，無論本命抑或歲運偶遇，都有點難纏。相反的，若見祿星（專指化祿而言，若是祿存，該宮必受羊陀夾，更弱），弱中轉強。

紫雲先生說，弱限之宮坐會化祿，有增強的作用，但是本宮太過柔弱，雖見化祿，「發也虛發」，蓋「華而不實」也，不作大吉論；須大限命宮旺，事業也旺，才算吉祥如意。

□宮位雖弱，可是三方構成特別格局，譬如「君臣慶會」（僅指紫微朝垣或天府朝垣而言，譬如酉宮坐命，紫府來朝），其他尚有「火貪格」（如未宮坐命，武貪在丑，火星在卯分別照入）、「火羊格」……之類，這算不算弱宮？

■這種情形仍算弱宮。

但因具備了特殊潛能，假以時日，譬如該宮成爲命宮三方如事業、遷移或財帛宮，而大限化祿正好前來牽引的時候，仍有異軍突起的機緣，造成事業順遂，財源滾滾。

64. 如何運用祿忌推算行運？

□推算行運的得失或消長，有沒有什麼簡單的原則可資遵循？

■斗數的推測若說有什麼原則，應該包括下列的觀察兩項：

㈠該步大限基本星曜組合的涵義。

㈡四化（祿忌）的分布。

可以這麼說，命是死的（固定的），同一生辰的人先天結構不會不同，如果光在先天結構上翻雲覆雨，結果不過是最基礎的原理分析——這是共盤，不可能凸顯出斗數的特色，這時必須懂得運轉大限的宮位。運是活的，同樣生辰的人雖然運程並無不同，可是每個人對運程的把握與利用，卻不盡一致，最後必然呈現不同的結果。

□在歲運行進中，祿與忌的飛躍軌跡，不是十分規則，換句話說，運程的推算只能在該二星落定之後，才能進行，是否如此？

■每個命盤上的祿忌出現是等位的，也是等量的，有祿有忌（有吉有凶），見祿必見忌，只不過有時候祿或忌不會剛好進入歲運的命宮，所以才算得似乎吉多凶少，或者凶多吉少。

推算運程有個便捷的法門，目前已被研究者廣泛地運用：

㈠觀察祿忌所進入的宮位。

㈡觀察該宮是什麼宮——人事十二宮而非地支十二宮。

㈢判別這十年或這一年將有什麼重要事項被誘發或突顯出來。

我們的經驗是，只要掌握這個法門，就能清楚發現歲運軌跡的吉凶。

□四化在推測後天運勢中所佔的位置如何？

■將有舉足輕重和關鍵性的作用，這個部分我們在其他地方已多次討論過。大運的行進，四化雖係配合宮位來看，似乎配角的地位，其實卻是整個行大限運論斷的精髓，缺乏四化的牽引，或者不會使用歲運兩種四化，將一直停留在檢討先天結構的階段，看不出人生某個階段的消長與興衰。

按：在下列的命盤實際探討中，我們只用化祿和化忌，原因是求其單純性及有效性。經過了無數次的實驗後，證實權科兩種化星，沒有實質的意義。化祿，代表吉祥、自信的作用，化忌，則代表干擾、破壞的作用，其餘的化權和化科兩種吉化，一律束之高閣。當然，讀者朋友如果認有其必要，繼續愛用，我們也不反對。

□強調不用化權和化科，是否有什麼理由？

■我們只用祿忌而將權科棄若敝屣，完全居於如下兩個理由：

(一)對等的關係——有祿必有忌，有吉必有凶；反之，亦同。

(二)權與科欠缺實質的意義——化權並無權勢、權柄之義；化科並無聲望、名譽之事。

這個部分在《古典篇》有比較詳盡的說明，敬請參考。

□不用權科，算命不準，該如何改善？

■有因也有果，相對的，有果必有因，因果相繫，乃是一定的道理。因果關係不是佛教的專利，現代科學也講因果，缺乏因果相繫的現象，科學家絕對不會費心去探究。在推測中，我們必須考慮因果律的運作，也就是欠缺因果關係的推論，必須棄之不顧，才能發現眞相。化權和化科也許有用——化權被指爲權威、權柄或權力慾望；化科則有聲望、名譽等誘導，這些都是古籍給予的概念。

□到流年爲止，一共用得上本命、大限、流年三種命盤，主星相互交錯，化星四處飛竄，令人眼花撩亂，該如何以簡御繁？

■行運的討論是有次第的，能夠掌握並運用該次第，便能淸楚觀察其中的吉凶安處。該次第原則上是這樣的：

第一，無論探討的事項是什麼，均以兩個命盤爲準，譬如探討十年大限的興衰，利用本命和大限兩個命盤疊合，觀察其間的吉凶走向。

第二，探討流年運程時，只要對照大限命盤，參酌兩個命盤星曜的變化即可，不再考慮先天結構的得失，除非是一項重大的改變，例如改行。

第三，探討流月時，須與流年一起觀察，大限就不再管它了。

第四，化星的安置的情況也同。譬如討論大限的得失，本命祿忌與大限祿忌一起斟酌，共計四顆；到了流年，本命的化星將被丟棄，只用大限和流年兩種即可。

其間的關係頗爲繁複，非三言兩語所能描述，學習起來，也非一朝一夕可以通達，但習命者只要平常多費心思，細心比較其中的差異，多能修成正果。我們訪問了許多學者，他們異口同聲指出，這個部分堪稱斗數論命的菁華地帶，如果不懂或者弄不清楚，當然不指望能把斗數學好。

□歲運之間的關係，錯綜複雜，很多人學到這裡無不頭大，蓋大限移動了，命宮及三方諸宮跟著它動，原來是機月同梁，現在忽然進入殺破狼，這是什麼意思？主什麼吉凶誘導？化星的軌跡也不是很規則的，有時候是祿變忌，有時候是忌變祿，有時候祿忌同宮，有時候完全與命宮無關，有沒有一條終南捷徑，可以很快就進入情況？

■這方面沒有捷徑，有的只是苦修——腳踏實地實驗。

命盤因爲移動而造成三方諸星組合的不同，這表示所經歷的社會環境，起了重大的變化，這類變化有強有弱，是很切合一般實際的。

□舉個例說，流年的祿星進入流年的夫妻宮，是個怎樣的景象？

■不一定表示什麼。這種機率每個人在他的生命歷程中，經常發生，故不特別顯示什麼誘導或事故。

流年夫妻宮見祿當然吉祥，無論已婚未婚，多有認識異性並獲得青睞的機會，可能進一步交往；未婚者可能考慮籌組家庭，攜手並進。

不過，見的若是忌星，表示感情的事，今年比較無法妥善處理，最好先擺著。如果相反，想讓感情做個了斷，那麼這種年分剛好正中下懷。

□忌星沖擊財帛宮，是否必然應驗破財？

■由於宮位已定，忌星進入財帛宮，當然八成應驗破耗以及無故損財。

但是命盤上的各種牽引，都只暗示某種狀況「可能發生」(probably happen)，而非「必然發生」(surely happen)。

「可能而非必然」的原因，在於必須滿足一個條件，就是「呼應」(correspondance)。破財的呼應包括：經商、買賣、借貸、跟會等等。既不經商，又未與人金錢往來，就無破財損財的可能。

□化祿進入事業宮，參加考試，上榜的機率是否高一些？

■祿入事業宮，僅表示考運好些，不是必然中榜。

考試中榜由實力決定，與化祿星是否進命進事業宮，沒有直接的關係。勉強地說，只是間接關係——讀到的大多考出來，閱卷老師也比較寬鬆。

考試的得失符合了這條普遍定律：「當外在的因素強於或大於命理因素時，無法僅憑命理一個因素加以考量。」選舉、比賽和離婚，情形亦同。

65.祿忌交替的吉凶怎麼看？

□甲午年六月出生的這位老兄等他走到己巳大限的時候，發覺化祿星武曲進入了財帛宮，美中不足的是，化忌星文曲卻在事業宮內騷擾，這類有祿有忌的運程，究竟如何論斷？

■這種祿忌交互出現的情景，當然是很麻煩的。不過，循著祿忌牽引的軌跡，還是可以清楚觀察其間的吉凶關係。

㈠祿入財帛宮，顯示三十六歲起這十年的獲利環境，宛如走在康莊大道上，只要努力求財，付出一分，可得一角，慢慢累積，有朝一日，可能富甲一方。

㈡忌入事業宮則十年的事業路途，十分崎嶇，有動輒得咎之勢。

㈢那麼，經由經營事業來獲財的這一行爲，將無法如願。

如果他老兄必須靠經營事業來獲取財利，譬如是一家公司的業務經理，或者自己開一家貿易公司，經營進出口貿易，從這些分析看出，己巳大限是很難讓他賺到錢的，蓋事業經營不善，在很短的期限內，可能要關門大吉，此時的財運再強，恐怕難以起死回生。

□這步大限三方的星曜組合強得不得了，他甘心如此扭曲自己嗎？

■大限是命理虛構的社會環境，多半會跟外在眞實的環境呼應，因此這個十年他的行爲，受到諸宮與諸星的作用，這點大概不成問題。成問題的是，一旦昧於事實，以爲環境旣強，求名得名，求財得財，那就岔到喜馬拉雅山上去了，屆時不灰頭土臉者，幾希。

□此人在一九八九交入己巳大限，流年正好又是己巳，因此歲運的祿忌將是雙料的，也就是武曲化祿進入財帛宮，但文曲化忌進入事業宮的情形，在這一年當中分別有了強烈的誘導，在這種情形之下，流年的吉凶該如何辨識？

■如果單純的把祿當吉、忌當凶，這一年顯然就是財帛大好，事業大壞的一年。一般來說，財帛大吉，連帶意味著當時的事業理想，否則豈非等於不必做事，坐在家裡等，自有運財童子把金銀財寶專送到家；相反的，破財之運，事業自然而然不振。這是一般人簡單的想法，不是在學理研究——學理研究須將整個過程切割分斷，越細越好，如此才能瞭解有些人明明賺了錢，最後結帳，硬是虧了老本；也才會瞭解「賣得越多，賠得越多」和「不算什麼事業，卻能賺進財富」的原因所在。

事業運吉，對純做業務而不理財的人，自然如魚得水；事業遭破，情況剛好相反，若非經常換老闆（台灣俗話說這種人「一年換二十四個頭家」），嚐盡酸甜苦辣，此時如果只是個

紫微 七殺 文昌 右弼 己巳 36-45 田宅宮	火星 地空 庚午 事業宮	天鉞 辛未 合夥宮	鈴星 壬申 遷移宮
天機 天梁 地刼 戊辰 福德宮	男命 一九五四年六月×日巳時 甲午		廉貞祿 破軍 文曲 左輔 癸酉 疾厄宮
天相 擎羊 丁卯 父母宮			甲戌 財帛宮
太陽忌 巨門 丙寅 命宮	武曲 貪狼 天魁 陀羅 丁丑 兄弟宮	天同 太陰 丙子 夫妻宮	天府 乙亥 子女宮

這個命先天結構相當微弱，走到己巳大限時，環境卻十分壯觀，那是個「紫府廉武相」兼「殺破狼」的運程，強旺無比，這叫弱命走強限，此時此地，多半想趁著環境的拱襯，積極地做一點改變。

關於環境給他的調整，得失如下：武曲化祿在丑，這是大限的財帛宮，顯示進財有利，如果從事求財，將有所得；但是文曲化忌在酉，這是大限的事業宮，破壞事業經營的穩定性，創業則難免起伏，該如料理？無疑的也會考倒人。

上班族，或者做的是靠事業帶動財的行業，那麼財勢再佳，對他仍沒什麼意義。這種年分對正常營運的行業可能是個凶年，可是對不太像行業的行業譬如攤販、個人掮客，反而受盡照顧。

□庚午年的化祿星太陽在財帛宮，財通四海，應無疑義，但忌星天同在遷移宮，沖射命宮，祿忌在外照耀，這種情形究竟有什麼作用？

■祿星具有安定環境與穩定軍心的功能，忌星則會破壞或干擾一個宮位，若純從祿忌的本質看，今年吉凶並見，求財大吉，求名有敗。

遷移宮向稱人際關係宮，用來觀察一個人往外發展是否得利，見祿無往不利，也就是古籍所說的「發財於遠郡」，見忌則諸事拂逆，常有下列三件大事之一發生：

㈠外出有阻，從事像國際貿易、業務代表、推銷、中盤批發這類必須靠外界環境協助的行業，發展起來比較困難。

㈡名譽易遭破壞，人情世故的難題，會越弄越糟。

㈢外來的災難，將層出不窮，並可能遭到傷害。

按：大災難的事在不可推算的範疇，在此僅指小傷而已。

□流年的化祿星和化忌星同在一宮位，例如都在事業宮或財帛宮內盤踞，作用為何？

■祿忌無論在哪個宮位同宮，都表示好壞、吉凶同時發生。在事業宮是事業順遂，但也不免肇致錯誤；在財帛宮則進財順利，但開支極大，並有無端損財的跡象。

有些書認爲祿忌可相互抵消，故兩星同宮，可保平安無事，其實不會這麼簡單。

有人進一步質問：「祿忌出現，何者先、何者後？」答案是，「不知道」。因爲每個人的環境差異甚大，很難一概而論。

□此人在己巳和庚午大限二十年中，連續走了兩財運，假若只是個朝九暮五的老實上班族，該做怎樣的調整，才可望獲得財福？

■在現代社會中，一個人要致富，唯有經商，不然就從事各種求財的活動，即使有幸獲得遺產（那只是少數特例），如果缺乏經營的手段，仍要坐吃山空。這位仁兄若繼續等因奉此，再吉再祥的運程都像蚊子釘牛角，不痛不癢，但光陰如白駒過隙，二十年一晃而過，結果仍是老樣子，因爲我們尚未聽說上班領薪度日，居然發了財的案例。

當然，這種人走了財運，但要不要跳出來經商，是要充分選擇的，他還須考慮先天結構，通常是，適於經商並勇於冒險犯難的人，又正好走了財運，才可能一發如雷，像這位仁兄巨日坐寅，外在三方無一主星，顯示事業、人際關係及財帛均呈弱勢，不像是個積極進取、享受財富的人，因此即令走了財運，可能終不爲所動。

如果機緣成熟，眞的跳出來努力衝刺一番，大約只能做點服務性行業，或開店做門市生意，保證一世無咎。其中的庚午大限由於天同化忌在遷移宮，外出不利，所以盡量別接觸推銷、批發、國際貿易這類須靠外緣的行業。

66.事業化忌還能發財嗎？

□這個辛巳年命大限到辛丑，財帛宮巨門化祿，看來財源滾滾，不幸的是事業宮卻被化忌星文昌盤踞，在這種窘狀之下，他該如何處理他的事業與財物？

■原則上說，什麼地方吉祥，就往什麼地方發展，這也是趨吉避凶的不二法門。

㈠財帛宮見祿，吉祥如意，努力追求財富，包括經商做生意，買賣股票、做販賣業，成功率必高，這十年專注於這些事項，將可獲得極好的報酬。

㈡忌星進入事業宮，破壞了事業軌跡的均勢，事業運呈起伏不定狀態，給經營帶來不少的困擾。因此事業類型的選擇，就要特別挑剔了，凡是長期性投資和回收慢的行業，最好暫緩辦理。易言之，走這種運勢，只能挑短期的做，見好即收。

不可否認的，所有的短期投資都難免具有投機性，爲了立於不敗之地，只好隨機應變，勉強爲之。

□有人會問：「沒有事業，何來財富？」命理又如何自圓其說？

■我們也要質問：「爲什麼發財一定要經營行業不可？」

近來台灣造就了不少億萬富翁，不妨打聽一下，他們之中是否都在經營正當行業，每年固定繳交營業所得稅？社會型態今非昔比，不靠經營事業就獲得成就的人，如過江之鯽，統計一下，說不定其中不乏事業見忌、財帛見祿的案例。台灣大學數學系有個高材生多年前到美國留學，獲得博士學位後，在一家大學擔任教授，閒來無事，常到賭城玩二十一點，此人記性極佳，對機率更有心得，於是充分利用他的專長和機運，兩年內一共贏了六千萬美元，把一些賭場老闆贏得幾要吐血，從此辭去教職，日子過得優哉遊哉。博士兄賺錢不靠正當行業，可是過得比誰都拉風。

台灣城鎮近來出現許多流動攤販賣一些小吃、點心之類，度小月而已，管區警察來了，追得滿街跑，這種生意談不上事業吧？可是別小看他們，一個月下來，賺個三五十萬不算什麼，長年累月，數目就很驚人了。若能找到他們的命盤研究一下，大概也是事業極破、財福極好。

□事業宮破，還有哪些缺點？

■事業遭忌沖破，顯示事業極易失控，個人內心浮動，存有「五日京兆」的心理，最好別進行創業或親自掌管事業——可能的話，交給適當的人全權處理，自己當個旁觀者，才可能趨吉避凶。不然就要學歐美日那些先進國家，把投資跟經營分開，各司其職，才可能立於

天同 文昌忌 天鉞 癸巳 命宮	武曲 天府 火星 地空 甲午 父母宮	太陽 太陰 乙未 福德宮	貪狼 鈴星 陀羅 丙申 田宅宮
破軍 地刼 壬辰 兄弟宮	男命 一九四一 辛巳年九月×日巳時		天機 巨門祿 文曲 丁酉 事業宮
天魁 辛卯 夫妻宮			紫微 天相 擎羊 戊戌 合夥宮
廉貞 右弼 庚寅 子女宮	辛 45-54 丑 財帛宮	七殺 左輔 庚子 疾厄宮	天梁 己亥 遷移宮

事業與財帛必在三合宮內相見，在祿忌交替的情況下，祿受忌破壞、忌受祿鞏固，是必然的現象。在這種情況中，錢財支配，並非全吉，事業經營也非全凶，理論上說是吉凶參半的運程，我們又該如何判別其中的輕重？答案是：端視呼應而定。

譬如上班族，完全呼應事業的忌而對財帛的祿置若罔聞，那麼將被忌星充分施虐，若非時常調整職務或職位，就是常肇錯誤，被記過、申誡、嚴重的話，可能捲鋪蓋走路。

不敗之地。

事業見忌，若去吃頭路，不是無法獲得高職，就是吃一家倒一家，弄得豪情全失。此時最好從事不算事業的事業，例如股票、房地產、外匯、黃金甚至期貨等方面的買賣；不然開個小店面，賺點蠅頭小利，委屈一下。

□投機性的行業，例如房地產和股票的買賣，其賺與虧的結果，該如何判斷？

■不管投資或者投機，大限及流年的財福二宮，如果不見大限或流年所化的祿星前來照耀，註定非破得褲子進當鋪不可。

□爲什麼一定要見祿星？

■那是因爲投機性行業求的是橫財，一種衆人虎視眈眈的巨財，唯命強運旺者得之，其他未能走運的人勉強縱身而入，無不跌得粉身碎骨，嚴重的話，有時連屍骨都找不到呢！大限主十年運程的吉凶，十年是個漫長的歲月，財福二宮遇大限祿星照入，無論從事哪種型態的求財行爲，都可望堆黃積白。譬如這個辛巳年命，事業波動，常態行業十做九敗，若能適時煞車，改做股票、外匯，說不定還有點賺頭（至少不虞失敗）。

流年主一年運勢的消長，流年祿星進入財福二宮，一年內進財順暢，進行求財，可望日進斗金。可是一年畢竟太短了，故只宜短暫投機，而不適合做耗在那裡的行業，譬如開工廠搞生產，投資房地產等等，否則翌年若是凶年，就有被套牢兼卡住的危險。

剛才說過，投機生意爭奪的是衆目睽睽的財（八字叫偏財），數目可觀，非得走強而有力的財運不可——光有財運還不行。一個不走強而有力的財運的人，想要從投機行業中發財，那簡直是在做夢。

卷十

富翁與乞丐

富翁和乞丐當然不是天生的，否則依照邏輯理論，其中一人是富翁，其餘的七十六人（以台灣目前人口平均計算）必然都是富翁；其中一人做了大本乞丐，其餘的七十六人也是如此；事實上那是不可能的。由此證明，無論富庶抑或貧窮，都只是後天環境中的遭遇（視努力的結果而定），與命理結構的成敗沒有直接的關係——最多只是間接的關係。

從命理探討貧富形成的原因，將失之偏頗，無法獲得普遍的認同。但是，「貧與富的存在是個不爭的事實，在命盤上又是怎麼一種得失？」自有深究的必要。

67. 怎樣的命註定要發財？

□一個人會不會發財，該如何判斷？

■當然是考量他是否具備了發財的條件，在命盤上，可資運用的宮位有二：一是命宮及其三方整體的結構；一是財帛宮單獨的優劣。

財帛宮被用來觀察一個人取財的方式與理財的手段，並可能判別其中的優劣，自然還可衡量他能承擔多少財物，最後一項世俗的說法是「會不會富」。但是一個人會富，不等於此人就是一個富翁。道理在哪？道理是：富命只是一項充分條件，一個人要富，還須其他各種條件充分搭配，這些條件最重要的有兩個，缺一不可。

第一，必須走到財運（大限祿星進入福德或財帛其中一宮）。

第二，須有求財的行爲或活動配合。

大限財帛宮的作用，是觀察甚至預測走到或走不到財運，以便對這十年之間錢財的支配有個心理方面的準備；也可進一步考察和預測什麼時候會走到破財運。

□我們常說的「發財」，定義含混，究竟幾百萬、幾千萬抑或幾億才算？

■遺憾的是，命理迄今仍無法「量化」(quantitized)，因此我們說某甲今年發財，到底發了多少財，一千年來沒有一人能說出一個準確的數字來。因此很多學者認爲，當務之急就是尋出一個量化的準則，予以含攝。他們指出，命理一旦不能確切地判別數量，便無法成爲一門科學。其實這是不瞭解命理功能的私見。

祿命式本質上都是一些抽象符號，目的是隱約觀察、分析命運的消長，所有的推論必然是概然的、約略的，而無法達到某種預期的精確度；這正是命理的特質。

一個人到底要進帳多少才算發財，恐怕人言人殊，此事純屬主觀，因人而異，故只能以個人的承擔能量爲原則，而沒有一定的準繩，譬如王永慶跟了無居士命盤相同，也同樣走到財運而發了財，數量必然相差十萬八千里；萬一破財，情形也是如此。因此在考量財帛宮的組合之外，還須瞭解一個人對財物的要求與承擔力，這個部分就不是命理所能掌握的。量化就是數字化、規格化，不能量化，就不可能從命理結構中得出一個肯定的數目，一些大師預言某月股票的加權指數多少，我們不必經過大腦就知道那不可能是眞的。

□有些命是不能發財的，有些命則是發過即破，從命盤上是否顯示一二？

■前者是先天命本質（結構）的問題，不會發財而硬想發財，必不可得；後者多半與行運吉凶有密切的關係。

就本命而言，財帛與福德二宮（特別是財帛宮）的星曜，一旦符合了下列這些現象，多半不會發財，即使因爲某些機緣聚合，無意中發了財，也是發過即破：

㈠缺乏主星，承擔力薄弱。

㈡忌星盤踞，辛苦得財，不會橫發。

㈢見空劫星，輕財，而且不擅理財。

□據說，破軍在財宮，得的是「典當之財」，而且發過即破，此說是否眞實？

■古籍指破軍居財宮，財發過即破，這是「因詞生義」並且「以詞害義」——以爲破軍有個破字，因此發過即破。其實破軍只是一顆主星的名字，無關乎破不破財；是否破財，或者發過即破，應從大限的財福二宮的消長加以考慮，而非從星曜的名稱。

至於發過即破的問題，顯然出在好運與壞運的交換上，前一運吉、後一運凶，調適不及，所破之財超過負荷量（負債超過資本額），只好宣佈垮台。例如前一運大限化祿進入財福二宮，爲錢財帶來了繁花茂葉的春天，可是緊接而來的運程，忌星翩然蒞臨，於是十年辛苦累積的財物，不到五年就雲消霧散。

□相對的，有些命是註定發財的，那是怎樣的一種結構？

■事實上這個世界沒有天生的富命，也就是沒有註定發財的人，否則就像明淸一些章回小說所描寫的，他只要坐在家裡等，自有運財童子將金銀財寶專送到家。古今中外，任何人想致富，他必須經營事業，積極從事牟利的活動，而且只要與外在環境、社會大衆有了牽扯，就必須受到運程吉凶的支配。命理經驗法則指出，不走好運的人，不會發財；這也是一個鐵律。

□貧命（窮命）是否命理因素造成？

■諳命運者一定都同意，這個世界上根本沒有什麼貧命或窮命，因爲乞丐和一級貧民不是天生的，否則同一生辰的人，必然每個都家徒四壁，必須接受社會局救濟，或者唱著「蓮花落」，沿門托缽。

命理所謂的「貧命」，僅指一些人因爲揮霍無度，坐吃山空，或者時運不濟，弄得三餐難繼而已。把貧窮潦倒的責任推給命運，等於故意忽視做人的道理，不足爲訓。

常聽一些有識之士駁斥命理道：「命好有什麼用，難道坐在家裡等，銀子就會從天上掉下來？」這種話純屬抬死槓，不必辯白。試想，這個世界上有哪個人不必工作就有銀子進帳的？中國不是「有先盡人事，再聽天命」這樣一句古訓嗎？

□乞丐否極泰來，搖身一變，成爲富豪的可能性有多高？

■既然淪爲乞丐只是時運不濟，只要他尚未發過，就會跟呂蒙正一樣，有朝一日，突然翻身。

「發過，不再發」（或「未曾發過，必有發達的機會」）是中國祿命觀中一個重要的經驗法則。

其餘的，他必須滿足兩個條件，一是須有致富（或致貴）的命理結構；二是他須有求財求貴的意念與行爲。兩個條件緊緊扣住，並且俱足了，有朝一日，就可能鯉魚躍龍門，從此翻身，成爲首富，住洋房、開轎車、吃大菜，要什麼有什麼。若繼續沿門托缽，走了好運，不過是討到的菜餚佳美一點，銀錢多一點，不可能由一天討五百元，突然變爲十萬元。乞丐變小康之家容易，變富豪難，蓋後者所具備的先後天條件更多，也更苛刻。

□乞丐來問命，該告訴他哪些事？

■他問什麼，就告訴他什麼。當然，仍須在可以推算的範疇之內。

一般而言，十個乞丐九個會問何時可以脫離苦海，一個會問哪月哪日財運較好，討到的錢較多。

□八字祿命法把財區分正偏兩種，意義深遠，斗數能否如法炮製？

■八字的正財由正當性工作，譬如教書、在公私立機構任職獲得，或者經營正當性事業，譬如開店做買賣、經營企業所得，所以又稱爲生活之資。偏財是大衆之財，又稱橫財，由身旺並且走到強勢財運者得之，一般人只有流口水的分。照目前的社會狀況而言，努力工作，按件計酬，按月拿到的薪水、工資或佣金，均屬正財；而經由簽賭六合彩、買賣股票、期貨和投資房地產，以及從事非正當性行業如開酒店、沙龍、股友社、職業賭場、俱樂部等投機方式取得，就是偏財。

紫微斗數的財不分正偏，但強調必須走到財運才能取得的觀點，與八字不謀而合。

68.富格是否註定發財？

□這種結構的命，算不算是富命？

■理論上說，財帛宮構成某種「特殊格局」的人，例如火貪格、火羊格……之類，因爲具有爆發力（潛能），得以在適當時機突破困境，衝出樊籠，橫發資財，成爲一方首富。

這個戊子年命的財帛宮在午，該宮及其三方（寅午戌子）的組合相當壯觀，光是「特殊格局」就有好幾個：

㈠火貪格、鈴貪格。

㈡火羊格、鈴羊格。

㈢紫微朝垣——從午宮的位置看，紫微照入，就「紫微朝垣」；右弼會齊，於是構成「君臣慶會」一大格，財大權大勢大，一應俱全。

這種人財宮奇旺，旺到足以承擔各式各樣的錢財，一旦水到渠成，譬如走到甲寅大限，廉貞化祿，引動大限財帛宮，並牽引了各個吉格，不約而同發出狂風暴雨般的吉力，讓他財源滾滾，短期之內，發財無數。

□富命是否等於富翁？

■「富命」指的是本命結構中，具有富庶的條件或潛能。

「富翁」則指一個已經獲得許多財富的人，當然他的本命必然也具備了富庶的條件或潛能。兩者之間，意義雖近，仍有些許差異，可以這麼說，前者是後者的「充分而且必要條件」，但後者卻非前者的「必然結果」——最多只是「可能的結果」而已。

究竟哪些因素造就了富翁？依我們的經驗，努力和機緣相互搭配，條件俱足，是富翁之所以爲富庶的最大關鍵所在。

努力是做人的基本要求，在此還指比一般人多一點付出，或付出非一般人所能承擔的工作量。機緣則是一種突如其來、可遇不可求的緣分，可稱機遇（chance），在中國人的眼裡似乎又比機會加多一層神秘的色彩。例如生辰跟李登輝和王永慶相同的人起碼有四打以上，爲什麼只有他們兩人出類拔萃？這就是機緣——他們兩人各自努力奮鬥，分別掌握了相當的機先，因緣成熟，終於有了今天偉大的成就。

□同是富命，爲什麼有的如同曇花一現，成敗轉頭空，有的卻綿延不絕，財通三代而不衰，其間的差別究在哪兒？命理解釋得清楚嗎？

■我們認爲這是正常現象：

第一，本命對財物的承擔力薄弱，無法承受較大或較多的物質。譬如財帛宮無星、且被羊陀夾制，或被化忌星沖破等等。

第二，財運只走十年，接下來的運程若非破財帛就是破事業，例如這個戊子年命，甲寅大限發過之後，緊接著的乙卯大限雖然天機化祿仍在財帛宮坐守，形成極好的機會，可是太陰化忌照射進來，祿忌交替，財物進出頻繁，開始出現起伏不定狀況，難以有效掌握，出錯的機率提高，一旦處理不當，將會耗散前一限的累積。

第三，財庫見忌，財務結構有了破綻，無法支持太久。

第四，事業在好運中過度膨脹，運勢轉弱後，再也挺不住，只好兵敗如山倒，眼巴巴地看它一瀉千里。

發過卻不破的人，結構紮實，上述四種情況比較少見，並能在適當的時機調整心性，甚至分層負責，讓別人來分擔他的風險，故能立於不敗之地。

□很多人認爲，富格一旦出生，就鐵定造就富命，這種觀念爲什麼會被推翻？

■從前的祿命確實曾作如是觀，不幸的是，那是一個錯誤的主張。

任何一個命，無論大吉或大貴，若是不去呼應先前說過的那兩件事（①走到財運；②從事求財的活動），與普通人仍無二致。

太陰 丁巳 疾厄宮	貪狼祿 火星 文昌 擎羊 戊午 財帛宮	天同 巨門 地空 天鉞 己未 子女宮	武曲 天相 文曲 庚申 夫妻宮
廉貞 天府 左輔 陀羅 丙辰 遷移宮	男命一九四八戊子年一月×日辰時		太陽 天梁 辛酉 兄弟宮
地劫 乙卯 合夥宮			七殺 右弼 壬戌 命宮
破軍 鈴星 甲寅 42-51 事業宮	天魁 乙丑 田宅宮	紫微 甲子 福德宮	天機忌 癸亥 父母宮

先天財帛宮的結構那麼壯觀，富翁無疑。若存此念，宿命論者無疑。

嘗見一大師論命；命造佳美，無話可說，算命先生竟發豪語說，「這是未來行政院長的命」，若在古代，則改口稱宰相或軍機大臣。其實，瞭解命理排列組合的人都很清楚，光在台灣一地，就有七十七人符此條件，也就是符合做行政院長的至少有七十七人。

切記：命好是一回事，環境是否搭配得宜，又是一回事，後天運程走不走得到好運，趁機冲起，更是一回事。

就以這個戊子年命爲例，財運出現的軌跡是這樣的：

㈠甲寅十年，廉貞化祿，從福德照射財帛（戌宮），引動了財帛宮所構成的幾個特別格局，祿加吉格，自然一發如雷。42～51這十年間大船入港，進財如流水，富比陶朱，何必多疑。

㈡可是他只是個奉公守法，不圖非分之想的老實上班族，或者游手好閒，不事生產，他就不可能發財。

那麼，再好的命、再好的運，對他不會產生絲毫的作用。

富格泛指一個人俱足了發財的條件（或素質），但還須人力與環境無間的配合，方以致之，缺那臨門的一脚，仍不可能發達。傳統祿命以爲只要具備了條件，時機一到，搖身一變，財產之多，連王永慶看到，都要脫帽敬禮，我們認爲沒有那麼簡單。

□什麼情況之下，才叫「走財運」？

■原則上說，大限的化祿星進入大限的財福二宮，十年內財運佳美；流年的化祿星進入流年的財福二宮，這一年內，財勢增強，這些狀況都是俗稱的「走財運」。

祿星進入財帛或福德，作用雖吉，其間仍有差異：

第一，祿在財帛，是直接的財運，像買賣賺取差額，直接進帳。

第二，祿在福德，然後射入財帛，是間接的財運，輾轉進帳，而非直接到手，如替人加工，工作完成再來算帳。這種情形也暗示財源美妙，財通四海，海內海外，各式各樣的錢財都容易賺到。

□有些人走了財運，因爲是上班族，照理說沒什麼發財的機會，是否表示可以撈點外快，賺點油水？

■任何一種命理狀況都需要「呼應的手續」(process of correspondance)，否則不會發生該狀況所描述的內容，即使發生，也不一定與該狀況有關。走財運的人欠缺求財的意念與行爲，當然無財可得，運財童子奉玉旨偷偷把金銀財寶轉入戶頭，只是章回小說的故事情節。我這種說法跟傳統祿命主張乖違，不知會不會被贊同。

上班族想要油水，除了做副業之外，只有貪污，不幸被抓，死路一條。

□有些人明明走了財運，賺錢有如賺水，發財是沒什麼問題的。遺憾的是財庫（大限田宅宮）被忌星沖破，意味著賺進來的財留守不住，此時該如何料理，才不致十年累積，一朝虧空？

■財福吉祥，進財順利，顯示錢財流通順利，經常幾百萬幾千萬地湧進湧出，但是想鎖在保險箱裡，以備不時之需，或者存在銀行孳生利息，總是事與願違。

留住錢財的不二法門，就是不輕易轉投資，避免因爲失敗而拖累原來的財運。有時候碰到公司正需擴充，此時也只宜逐步進行，而不能一下子就弄得尾大不掉，不然也會因爲急需現金挹注而動到老本。如果庫存不豐，那麼就會到處告貸，每個月爲了利息支出，弄得焦頭爛額，苦不堪言。

□有人認爲，此時購買不動產，把錢投注在實物上，不但可以不破，而且還能保值升值，應屬妥當。是否如此？

■恐怕沒什麼用，因爲上述情況一旦不能避免，急需現金周轉時，就會考慮變賣該不動產，再多的土地房子，仍會脫售而去。

69. 這個人爲什麼大器晚成？

□這個男命先天結構十分壯觀，看起來一副發財兼富甲天下的模樣。從行運得失斟酌，是否走到財運，拱襯他得財？因爲經驗法則指出，如果不走財運，豈非空有一個好架子？

■假設己酉大限起走入社會，那麼十年之後的戊申、丁未兩步大限，就遇到了吉運，可以大顯神威，運途之順，令人稱羨。

戊申大限：貪狼化祿，在辰，這是大限的財帛宮。

丁未大限：太陰化祿，在卯，這是大限的財帛宮。

其中的戊申限還引動「鈴貪格」，丁未限還引動「火羊格」，均主橫發。相較之下，戊申比丁未要強一些，蓋丁未的財帛雖然見祿，事業宮卻被化忌星巨門沖破，事業起伏頻仍，難以有效控制，不像戊申那樣篤定。

□若是順行，是否也走到財運呢？

■也走財運，但是很晚才走到，有點「大器晚成」的味道。

陽男陰女，大運順行，姑且從第三大限起算，歷癸丑、壬寅、癸卯三十年，整個形勢，毫無作用，其中又以壬寅最破，因爲武曲化忌沖射財帛宮，三十四歲以後急需錢財改善生活環境，卻無法如願以償，著實令人扼腕。他必須轉入甲辰之後，終於才見陌頭春色。

㈠甲辰大限：廉貞化祿，在午，這是大限福德宮，照射財帛宮。

㈡乙巳大限：天機化祿，在丑，這是大限財帛宮。

與逆行的命造一樣，甲辰限顯然又比乙巳限吉祥得多，蓋乙巳限的化忌星太陰沖破大限事業宮，事業起伏，動盪難安。

□兩個財運中，哪個較佳？

■當然戊申，此限只見祿不見忌，比較沒有什麼損財、破財等意外事故發生。

丁未限的情況是祿忌交替，蓋巨門化忌，從巳沖亥，這個亥正好是大限的事業宮，我們討論過許多財帛見祿、事業見忌的案例，證實其中尚有美中不足之處。

□兩限的特別格局都受到牽引，這有什麼涵義？

■特別格局蘊含著無窮的爆發力，受祿牽引，多主建設性，讓一個人功成名就；受忌牽引則多爲破壞性，從高處跌到谷底，不過也可能衝破一個困境，打敗一個敵人。所以戊申大限得以獲財得利而無破，丁未限則有建設也有破壞，吉凶並見。

□丁未大限的財帛宮有太陰、火星坐守，由於構成「反爲十惡」之局，是否以凶論，或者雖

巨門忌 陀羅 地空 地劫 乙巳 遷移宮	廉貞 天相 丙午 疾厄宮	天梁 擎羊 左輔 右弼 丁未 財帛宮	七殺 戊申 34-43 子女宮
貪狼 鈴星 文昌 甲辰 合夥宮	男命 一九六七 丁未年四月×日午時		天同 天鉞 己酉 夫妻宮
太陰祿 火星 癸卯 事業宮			武曲 文曲 庚戌 兄弟宮
紫微 天府 壬寅 田宅宮	天機 癸丑 福德宮	破軍 壬子 父母宮	太陽 天魁 辛亥 命宮

在這一生的過程中，每個人最無可奈何的事，莫過於無法預期將獲得什麼成就——獲得財利或名位（富或貴），以及數量多少。先天命格如此，後天行運的消長，更是如此。

大限行進的消長，尚須配合祿忌調整，這兩顆化星進入的宮位，發生什麼變化，在求學時期，也就踏入社會之前，比較無法感受出來。此外，不做命理分析，當然也無法獲知。所以估錯弄錯的機率相當高，造成懷才不遇的情形，更是屢見不鮮。祿命法的可貴，大概就在這裡。

吉不吉（減吉）？

■我們不以爲有什麼「反成十惡」這種無邊無際的主觀認定，只把他當做一個宮位和一些星曜即可，其中火星與擎羊會照，迸出火花，術語叫「威權出衆」，在財帛宮的意思是，既發財又出名——或者說，以強烈的手段得財，弄得鄉里皆知。

□從事業宮的位置（亥），是否「巨火羊」惡格形成，暗示事業將肇致失敗？

■確實如此。

70.有沒有一輩子不發的命？

□純就命理而言，有沒有一輩子走不到財運或不走財運的？

■這個問題其實由兩個不太相同的題目組成，最好預先分辨，才不至於含混。

不走財運指的是一個人到老都不曾走過財運——大限祿星進入財福二宮，爲錢財營收帶來百花綻放的春天。

走不到財運則可能走別的運，如事業運、人際關係運、圖利他人運，甚至破財運。

兩者略爲相似，不小心還會弄混。

■這個戊戌年命逆行，將一輩子走不到財運。

我們從庚申大限（22～31）開始，概略地檢視一下行運的得失。

庚申大限：太陽化祿在酉，這大限的父母宮，天同化忌在未，這是大限的兄弟宮，吉凶福禍均與大限三方沒有瓜葛，可以輕騎過關。

己未大限：武曲化祿在申，這是大限的父母宮，文曲化忌在子，這是大限合夥宮，吉凶福禍均與運程無關，無法拱托他進財。

戊午大限：貪狼化祿在午，自坐，天機化忌在亥，這是大限的合夥宮，與己無關。

丁巳大限：太陰化祿在巳，自坐，巨門化忌在未，這事大限的福德宮，射入財帛宮，有破財損財的誘導。

丙辰大限：天同化祿在未，這是大限的田宅宮，廉貞化忌在辰，自坐。

其中的戊午和丁巳的祿星照入該限的財帛，勉強算是財運，仍可感受到財祿的加被，唯力量十分有限。但是丁巳忌星的勢力比祿星強得多，因爲忌直射進入財帛宮，而祿只是斜照而入。

□戊午大限和丁巳大限的祿星自坐，有人認爲只要見祿，就有收成，因爲祿入財帛宮，依照經驗法則，必可見財，是否有此一說？

■財宮照祿，算做走財運。但因該祿只是斜照入命，力量必然十分微弱。

姑舉丁巳大限爲例，祿星太陰從巳照入財宮，但是巨門化忌，卻是直接射入財宮，兩相比較，好像要賺十元，就得花去五十元似的。

□不走財運的人必須怎樣過日子，才比較沒有得失心？

■當然是不求財、不理財，換句話說，就是不做生意，避免跟錢財牽扯不清，才可免除破財損財的厄運。

太陰 丁巳 疾厄宮	貪狼祿 右弼 擎羊 戊午 財帛宮	天同 巨門 天鉞 地劫 己未 子女宮	武曲 天相 左輔 庚申 22-31 夫妻宮
廉貞 天府 陀羅 丙辰 遷移宮	女命 一九五八 戊戌年五月×日申時		太陽 天梁 火星 辛酉 兄弟宮
地空 乙卯 合夥宮			七殺 壬戌 命宮
破軍 文昌 甲寅 事業宮	天魁 乙丑 田宅宮	紫微 文曲 甲子 福德宮	天機忌 鈴星 癸亥 父母宮

如果祿星（專指大限而言）進入財福二宮的現象，叫做走財運，那麼下列這兩種情形可稱做不走財運：

一是祿星不入財福二宮。

二是忌星進入財福二宮。

嚴格說來，兩者還有差別，前者只是不走，想要利用環境的烘托來圓了發財的夢想，終要落空；後者除得不到外，還要破財，一旦參與求財，多半損失不貲。這個女命雖然不走發財運，也不走破財運，她不虞破財，最多只是願望無法達成，有點掃興而已。

有些人做生意是逼不得已的，譬如繼承父業，只能像過河卒子，拼命向前，或者幫親朋好友主持一個企業，俗語說：「頭都洗了，非剃不可」，此時該如何料理才能保平安，進而添福添壽呢？碰到這種情形，只能從服務性質的行業著手，這種行業的特徵是事業帶動財利，又非直接求財（間接而已），只要努力經營，多少可以見財。

□化祿星在財帛和在福德，以何者的吉力最強？

■祿入財宮，當有財祿加被，唯其中仍有程度的差別，祿在財帛宮最吉，從福德射入次吉，命與事業斜照進入又次之。

□忌入的情況，是否一樣？

■忌星具有破壞和干擾的性質，進入命事福財四宮，必破壞錢財支配的均勢，讓人無法有效掌握，俗稱走破財運，商人受創最大，不做生意但與人金錢往來，譬如跟會、投資股票、放高利貸，也會損失不貲。如果遇到辛年，忌星運行的路線如下：

第一，文昌在大限的財福，今年堪稱十年內財運最破的一年，延續性行業利潤減少，成本增加，無利可圖，並有被人倒債及拖欠貨款的情形。

第二，文昌在流年的財福，但與大限沒什麼牽連，只不過今年財勢很糟，短期投資如股票、期貨、外匯和房地產等等，均受重挫，血本無歸。若完全擺脫上述情形，則應驗在開銷特大，常感入不敷出，嚴重的話，還會寅吃卯糧。

跟上述祿星所佔宮位強弱程度同理，破財的程度，在卯最烈，酉其次，未亥最輕。

□由於每個人歲運宮位的轉移不是很規則的，祿忌不可能剛好在上述幾個宮位出現，此時該如何把握，才能趨吉避凶？

■有一種情形比較特殊，假設歲運不同宮，化祿星進入大限的財福二宮，但化忌星進入流年的財福二宮，這表示延續行業可以賺錢，但短期投資則要破財。相反的，化祿進入流年的財福，化忌星進入大限的財福，則是短期的得利，長期的今年要陷入苦戰。

這種情形佔人口數的多數，必須仔細分辨，才能趨吉避凶，蓋星曜的基本架構和四化的牽引，錯綜複雜，其中祿忌在命盤上運行的軌跡，相當紊亂（指整個人口而言，在個別的命盤則是相當規律的），很難有效把握，非經長期的檢證，保證讓人眼花撩亂，無法確切找出吉凶的方向。許多人學命多年，仍然只能在固定的星宮中盤旋，癥結即在此。

□有人指出，凡是命中見空劫之一，就不能經商，即使走了財運而發財，也是暫時性的，以後還會破掉，此說是否眞實？

■此說必然不眞。因爲偶數月分生人，三方四正隨時都會遇到空劫星，其中又以四月和十月生爲最，四月生人的遷移宮必見地空，十月生人的命宮必坐地空，亦步亦趨，如影相隨。

71.大限流年忌祿交冲，對事業有什麼作用？

□這個丙戌年命43～52歲大限到午，宮干爲甲，太陽化忌，在戌，這是十年的事業位，化忌當然很麻煩，可是走到庚午的流年時，太陽轉忌爲祿，那麼在這種年分中執行業務，會有什麼吉凶誘導？

■大限管轄十年運勢，忌星侵入事業宮，暗示這十年的事業經營，頗爲坎坷，自然難以有效控制，是俗稱的走事業壞運，諸事宜其留心。

一九九〇年歲次庚午，太陽化祿，忌於是轉成祿，這等於說，事業到今年忽然有了轉機，有點峰迴路轉的樣。這當然是件好事，業績可望在此年直線上升，說不定還會趁此良機進行擴充，或者開起連鎖店呢。

不過，是否從此步入坦途，那可不一定，因爲流年只是一年短短的時間，一縱即失，除非大限已進入尾聲，否則想起死回生，恐怕還有得熬。

□如果情況兩好相反，原先化祿，事業吉祥如意，不在話下，流年湊巧碰到化忌，那麼這種年分的事業經營又會出現什麼變局？

廉貞忌 貪狼 癸 33-42 巳 田宅宮	巨門 擎羊 甲 43-52 午 事業宮	天相 地刧 乙 未 合夥宮	天同祿 天梁 丙 申 遷移宮
太陰 陀羅 壬 23-32 辰 福德宮	男命一九四六 丙戌年九月×日申時		武曲 七殺 火星 天鉞 丁 酉 疾厄宮
天府 地空 辛 13-22 卯 父母宮			太陽 戊 戌 財帛宮
文昌 右弼 庚 3-12 寅 命宮	紫微 破軍 辛 丑 兄弟宮	天機 文曲 左輔 庚 子 夫妻宮	鈴星 天魁 己 亥 子女宮

甲午大限廉貞化祿在巳，這是大限的兄弟宮，與己無關，顯然只是協助別人創業發財的運；但是太陽化忌在戌，這是大限的事業宮，則四十三歲以後的十年，事業經營的環境必然十分惡劣，如果這位仁兄是公司的負責人，那麼將無法避免受到厄運的衝擊。

庚午年太陽化祿，使大限的忌變祿，很明顯的，此年將是甲午大限十年所遇的最好的一年，若想調整一下經營究方針，當屬可行。但因天同化忌從福德射入財帛，造成金錢不必要的損失，所以動或不動，還要多方斟酌。

■無疑的，這將是十年來事業經營上最不順遂的一年，最好別輕舉妄動，譬如想擴充、改變經營方式、轉投資等等，均須等待一年再說；如果貿然行事，不但新業出現「壞的開始」，即使舊業也易有功虧一簣的遺憾發生。

□歲運重疊，化出的祿忌，是否要加倍計算？譬如現在的甲午大限，碰到庚午流年，歲運同在一宮，太陽化祿進入事業宮這個祿對這步大限的重要性如何？

■由於大限感應了忌星，十年內的事業經營，始終處於變動、難以控制的局勢，故不稱心是自然的，祿星忽然蒞臨，當有「山窮水盡疑無路，柳暗花明又一村」般的喜悅。但原則上說，這種現象與一般的祿星加被並無不同——唯一的不同，不過是忌轉祿，在挫敗連連中，終於有了轉機，讓人喘了一口氣。

□大限走事業宮，該宮化出的祿忌又正好進入大限的事業宮，吉凶是否應加倍計算？

■原則上是要的——尤其探討的事項與事業有關時，因爲其中有著前後相應和關係牽連的性質，不能只當做一件普通的事項處理。

不過，這種現象僅止於該有關宮位而已，進入其他的宮位，則無什麼作用。例如大限財帛宮化出的祿忌進入大限兄弟宮、大限夫妻宮的祿忌進入流年遷移宮等等。

□祿星進入遷移宮，雖在命宮三方，卻與事業、財帛二宮無涉，這到底有什麼吉祥？

■遷移宮的外在三方一是命宮，一是福德宮，一是夫妻宮，若有關係，該關係必與上述諸宮有關；見祿，諸宮雨露均霑。

對自己來說，遷移宮是外出的宮位，此宮見祿，往外發展，有利可圖；但遷移宮的作用並不侷限在外出一事上，例如人際關係從此可望獲得改善，對一些從事外勤、推銷、保險作業員、中盤商的人來說，可說都有很好的發展機會。

□歲運之間，對祿忌的感受有什麼不同？

■就大限和流年的關係而言，任何一顆化祿或化忌引動，必然牽涉歲運之間若干宮位，這種關係相當複雜，大致如下：

㈠流年與大限的宮位交錯，約有三種狀況。

①完全錯開，譬如大限在辰，流年在辛未。

②部分錯開、部分重疊，譬如大限在辰，流年在庚午。

③完全重疊，如大限在辰，流年走到戊辰。

無論何者，其間的宮位、星曜、祿忌牽引，不但是錯綜複雜的，而且曖昧不明的。

㈡祿與忌牽引的軌跡，均呈不規則狀態，故無法預期。譬如大限宮干是丁，太陰化祿、巨門化忌，可是流年卻是癸，破軍化祿、貪狼化忌，兩者完全無關，卻要分辨吉凶作用之間的主副關係——大限祿忌對流年的吉凶與流年祿忌對大限的吉凶，何者爲重？這確實有點困難。

有人建議，初學者最好將歲運各排一盤，仔細比對，方法雖笨，卻很有用，不妨參照。

□識者指出，這層關係必須弄通，推算行運才可能萬無一失，但是推算行運不是一朝一夕可以學會，而是需要時間的考驗，到底要多少時間才能通曉？

■沒有確切的資料證實需要多久時間，但依我們的經驗，大致如下：

㈠方法正確，並有高人指導，至少一年有成。

㈡方法正確，但欠缺明師的指導，三年有成。

㈢方法錯誤，有沒有人指導都一樣，一輩子不能超昇。

斗數推測運程，是運用上的問題，許多人始終只能在先天結構（基本分析）翻風覆雨，而無膽推算周期得失（技術分析），原因恐怕在此。

□言歸正傳，歲運行進中，祿忽然轉忌，這種轉變，該如何把握？

■大限化祿星進入的宮位，十年內吉祥如意，不在話下，譬如進入財帛宮，俗稱走財運，進財順暢，生意人可望堆金積玉，可是流年行進中，極可能碰到祿變忌，譬如這個甲午年命，36~45大限在己巳，武曲化祿進入財帛宮，流年走到壬申（一九九二），武曲由祿變忌（壬

<table>
<tr><td>紫微
七殺
文昌
右弼
己巳 36-45 田宅宮</td><td>火星
地空
庚午 事業宮</td><td>天鉞
辛未 合夥宮</td><td>鈴星
壬申 遷移宮</td></tr>
<tr><td>天機
天梁
地劫
戊辰 福德宮</td><td colspan="2" rowspan="2">男命
一九五四
甲午年六月×日巳時</td><td>廉貞祿
破軍
文曲
左輔
癸酉 疾厄宮</td></tr>
<tr><td>天相
擎羊
丁卯 父母宮</td><td>甲戌 財帛宮</td></tr>
<tr><td>太陽忌
巨門
丙寅 命宮</td><td>武曲
貪狼
天魁
陀羅
丁丑 兄弟宮</td><td>天同
太陰
丙子 夫妻宮</td><td>天府
乙亥 子女宮</td></tr>
</table>

大限與流年配合討論的時候，最麻煩的事是星與宮糾纏不清，祿忌一會兒進入大限，一會兒進入流年，如何辨別，才是正確，無疑的將考驗一個人的功力。

理論上說，大限是十年運勢得失的總評，大限吉祥，表示大部分的年份吉祥（相反的說法，只有少部分見災）；流年只是一年，影響的只有十二個月。祿忌進入哪種宮位，就表示那方面有了吉凶的突顯，譬如壬申、癸酉這兩年的忌星全進大限財帛宮，顯見是這三十六歲以後破財最甚、開銷最大的年分。

年武曲化忌），這個忌顯示此年是十年中最不利錢財的一年，有破財損財等狀況。所幸流年只是一年，一縱就逝，過了除夕晚上十一時，忌性自動消失，武曲再轉爲祿，一切又告還原；遺憾的是財帛宮武貪同宮，接下來的癸酉年，換貪狼化忌，則是連著兩年的破財年。壬申年和癸酉年的忌星分別進入大限的財帛宮，造成財物失衡，呈支離破碎狀，這是所謂的敗財之年。在流年方面，仍有斟酌的餘地。

㈠壬申年的祿星是天梁，進入流年的財帛宮，必然帶來了財利，如此歲運祿忌交替，新業吉、舊業敗，不能完全視爲凶兆。

㈡癸酉年的祿星是破軍，在流年命宮自坐，此宮正是大限十年的事業宮，形成事業吉、財帛凶進退兩難的局面。

壬申年的祿進入年，忌進入限，若勉強判別吉凶，那麼應該是流年吉、大限凶，故長期投資和延續性行業，遭到挫折，短期生意則大有斬獲。癸酉年的位置剛好在大限的事業宮，所化的祿與忌分別進入歲與運的三方，牽動的層面是廣闊的、全面的，因此今年對吉凶的感應將比前一年敏銳。

72. 發過，爲什麼不再發？

□有些運程轉移相當微妙，讓初學者糊塗，譬如這個己丑命，34～43大限在巳宮，武曲化祿在戌，這是大限的合夥宮；可是文曲化忌在未，這是大限的福德宮，並射入財帛宮。這樣子的分布，究竟有什麼吉凶誘導？

■簡單地說，祿忌所在之地，就是吉與凶出現的地方，也是一般所謂「走了什麼運」，由於有吉有凶，又比一般人的認定要多出現一些狀況。任何人無不希望祿星進入命宮及其三方，而忌星在別的宮位。祿指吉祥如意，忌則暗示破壞干擾。

祿忌出現的所在，暗示那個階段的吉凶，必然在那個地方。

㈠祿入合夥宮（別人的宮位），幫別人成事，也可能幫別人發財。

㈡忌星在財帛宮坐守，自己動手，具有強烈的破財誘導，吃不完兜著走。

□這個武曲祿進入先天的福德宮，並照射財帛宮，不也是吉祥如意嗎？

■先天結構指的是本質，也是體內那個專司機構，該機構行運至此，忽然強壯起來，也就是急需賺錢來改善物質生活。

在行運中，先天宮位可以暫時不用。

□大限的財帛宮形成「巨火羊」惡格，但不是巨門化忌牽引，仍算惡格被激怒嗎？

■也算。

特別格局被引動，有時是本身的星，如「鈴貪」的貪狼化祿化忌、「鈴昌陀武」的武曲化祿化忌，有時則由其他星曜造成。兩者之間，以自行引爆的力量較大。

□己巳大限中碰到庚午年（一九九〇），此時歲運祿忌的交替就很複雜了，蓋流年的化忌星天同沖破了大限的事業宮（在酉），但是此時的流年事業宮（在戌）卻意外地見到了大限的祿星，這是歲與運祿忌交換進入某宮，這一年對整個大環境來說，意味著什麼事？

■事業的忌祿轉換情形，略述如下：

第一，庚午年的忌星沖破大限事業宮，表示今年是這十年來事業運最壞的一年，加上大限原就不利財物的獲取，此年應該是「財官雙破」之年。

第二，流年的事業宮見到大限祿星，表示今年的事業環境有了十年環境所累積的優點，不必衝刺或做大變動，即可獲利，這種情形可稱做「守株待兔」。

□流年的祿星太陽在亥，這是流年的合夥宮，並照入大限的遷移宮，該做何解釋？

■跟大限武曲祿進入別人的宮位一樣，這種年分仍然圖利別人，幫別人發財（不一定專指發

<table>
<tr>
<td>巨門
陀羅
己巳 34-43 子女宮</td>
<td>廉貞
天相
鈴星
庚午 夫妻宮</td>
<td>天梁
擎羊
文曲忌
文昌
辛未 兄弟宮</td>
<td>七殺
天鉞
地空
壬申 命宮</td>
</tr>
<tr>
<td>貪狼
戊辰 財帛宮</td>
<td colspan="2" rowspan="2">男命
一九四九己丑年十月×日卯時</td>
<td>天同
癸酉 父母宮</td>
</tr>
<tr>
<td>太陰
丁卯</td>
<td>武曲祿
甲戌 福德宮</td>
</tr>
<tr>
<td>紫微
天府
地劫
丙寅 遷移宮</td>
<td>天機
火星
左輔
右弼
丁丑 合夥宮</td>
<td>破軍
天魁
丙子 事業宮</td>
<td>太陽
乙亥 田宅宮</td>
</tr>
</table>

祿在自己宮位，忌在別人宮位，當然自己動手，才能獲福，得到名利之後，自己可以盡情享受；相對的祿在別人宮位，忌在自家，只能幫助別人做嫁衣裳，希望別人投桃報李，幫我成事。因爲我一動手，災難立刻掩至。這就是命理的趨吉避凶道理，不難明白。

己巳大限看起來是個很背的運程，原因是見忌而不見祿，如果執意自求發展，必然凶多吉少；繼續奉公，可以無咎。

財，而是泛指一切有利的行爲），唯有如此，才能立於不敗之地。

太陽祿在大限遷移宮坐守，今年將是十年來人際關係最爲佳美的一年，借力使力，鳴聲在外，從事的行業若與推銷、中盤、國際貿易有關，可望有點意外的收穫。

□過了此年，流年的祿忌均脫離了，將如何自處？

■除夕之夜的十一點零分一秒開始，將交入新的一年，太陽祿與天同忌同時消失，也就是庚午年的吉凶消失於無形，緊接著是辛未年的祿（巨門）、忌（文昌）登場。巨門祿在巳，這是大限的命宮，也是流年夫妻宮；文昌忌在未，這是大限的福德宮，也是流年命宮。從整個結構看出，又是另一種運程，唯一不變的是大限的財福二宮由於連續受到忌星的感應，破財和開支甚大的情況，尚未改善。

□去了一個忌，又來另一個忌，這種行運豈非始終籠罩在忌星的陰影之中嗎？

■這是沒辦法的事。

命理行運就是這麼奇特，可是別忘了大自然的運行都是齊一的，有陰影，必有陽光，不但別人見陽光，這位仁兄也見過陽光。

□這位老兄三十六歲起進入丙戌大限，天同化祿就在事業宮據守，此在十年，事業開展，無往不利，可是當他在庚午年（一九九〇）捲起袖子準備大顯身手的時候，卻發現流年的忌

左輔 辛巳 事業宮	天機祿 文曲 壬午 合夥宮	紫微 破軍 癸未 遷移宮	文昌 天鉞 甲申 疾厄宮
太陽 擎羊 庚辰 田宅宮	男命 一九五五 乙未年二月×日寅時		天府 右弼 地空 乙酉 財帛宮
武曲 七殺 己卯 福德宮			太陰忌 丙戌 36-45 子女宮
天同 天梁 陀羅 戊寅 父母宮	天相 地劫 己丑 命宮	巨門 鈴星 天魁 戊子 兄弟宮	廉貞 貪狼 火星 丁亥 夫妻宮

理論上說，大限吉祥，十年之間，從事這方面的事務，大多有所得；但是並不意味著從事任何事務都吉，因爲還要考慮下列二事，才能無咎：

㈠斗數的祿必將佔一個特定宮位，所謂的吉只是該宮所象徵的事物吉，其他宮位（指不會照的宮位而言）並沒有。例如丙戌大限天同化祿，在事業宮內，經營事業的成功率極高，可是並非連帶人際關係、財物支配也很理想。

㈡大部分的年均吉，可是仍有一部分略凶，蓋流年可能遇到祿轉忌。

星湊巧進入大限的事業宮，如果執意在此年開創事業，會有什麼吉凶狀況出現？

■這是好運中剛好碰到的壞年，通常要緩一年，等脫離忌星的破壞再說。如果環境無法讓人等待（譬如按照預定的計畫進行，無法更改），那麼這是一個「壞的開始」，顯示進行的時機不對，做了之後不會順利，也許要等過年後才逐漸步上正軌，所以必須是長期性投資，否則準吃敗仗。

翌年辛未，巨門化祿雖進財帛，卻與事業無關，文昌化忌則又在大限事業宮進行破壞，還不算脫離逆境的時機；必須等待壬申年到來，此年天梁化祿，就在事業宮內，那才是眞的吉祥如意。

□若執意在庚午、辛未兩年內開創，處在這種運程中，是否要慘澹經營？

■庚午和辛未都不能算是太凶（有凶無吉）之年，不但不算，庚午太陽化祿，射入流年的事業宮，這也是大限的遷移宮，反而利於往外發展，無疑也是開拓的好時機，只是大限事業宮被破，創業惟艱，守成更難。辛未年巨門化祿，進入大限的財福二宮，走的是財運，尚稱良好，不致一敗塗地。

□假設這位仁兄走到66～75的癸未大限，仍能鼓其餘勇，進行事業調整，此時大限事業宮被忌星貪狼干擾，但是到了戊申年，流年化祿跑到大限的事業宮內，在這種狀況之下，把握時機，重整旗鼓，該事業前途如何？

■前途不見得會很好。

這要分三方面來談。

㈠如果是長期性投資，或者回收較慢的行業，光有一個好的開始還不夠，須有幾年的好運可走才行，否則極易半途而廢。

㈡假如做的只是短暫性行業（這類行業多半含有濃厚的投機性質），一年半載，即可回收，比較沒什麼關係。

㈢必受「發過不再發」的規則支配，恐怕很難再締創佳績了。

大限命宮坐祿，傾向於安定，延續舊業，將比另外創新有利。

祿忌撼動大限及其三方宮位，我們稱它爲「動態運程」，所以整個大環境是動波的、冲激的，不會就此穩定下來，因此改變環境的可能性很高——當然，要不要改變，是一種選擇，任何人均可憑他的自由意志加以判斷。

73.買房子該看哪個宮位？

□八字和斗數均有「財庫」的說法，在斗數宮位中究指先天田宅宮、大限田宅宮抑或流年田宅宮？

■八字的財庫是固定的，譬如庚日以甲乙爲財，甲乙以未爲墓庫，地支見未，這個未就是財庫。

斗數的「財庫」專指大限的田宅宮而言，隨著大限移動，不限定在某個宮位。之所以專指大限而言，是因爲財庫的充虛，通常要經過一段時日的累積，故非十年莫辦。古人嘗言，「倉廩足，知榮辱」，現在社會的情況更是如此。

紫雲先生說，先天田宅宮也有家宅與不動產方面的意識作用，這兩方面的吉或凶，常會在這個宮位顯示出來，田宅宮旺吉，較有置產的傾向，弱凶則否。意願，常是決定是否置產的主要原動力。

□先天田宅宮被忌星沖破，有什麼特殊的景觀？

■一般來說，先天田宅爲祖居與祖基，該宮見忌，本人與祖居的緣分淡薄，長大後多半往外發展，或者乾脆離祖他遷。在安土重遷的古代，離祖便無法落葉歸根，是一件十分嚴重的事。

有人認爲，忌星進入田宅，不住祖屋，也無法獲得祖產；有人則稱，這種人可能遺傳到祖代比較壞的素質。意見頗爲分歧，但可參考。

由於祖居和祖基都是共同擁有的——兄弟姊妹甚至父祖幾個世代以來共同擁有，因此不能從其中一個人的命盤來決定它的興衰。所以討論先天田宅的興衰，無論輸入的條件多麼充分，限制仍多，最好束之高閣。

□大限田宅宮被忌星沖破，有什麼景象出現？

■大限田宅宮除了仍做家宅看外，還可視爲財庫，比先天多了一種作用，該宮遭忌侵犯，十年之內，財來財去，無法聚財成富；也暗示目前雖然進帳不少，不久之後將全部耗散，到頭來仍是兩手空空。

此宮遭到忌沖，居無定所，不是經常遷居，就是時常出差、出遠門。

□大限田宅宮見祿見忌，對生意人來說，有什麼特殊的涵義？

■田宅見祿，財庫充實，堆黃積白，指日可待。此時可作轉投資，或者購置不動產，以財滾財，成爲一方富豪；相反的，財庫遭忌，所藏之財將在不知不覺中流失殆盡，這邊努力賺錢，那邊努力消耗，結果白忙一場。

財庫破損的人，最忌從事長期投資以及回收慢的行業，蓋賺進來的永遠趕不上虧損的。此外，必須囤積貨物的行業，也宜在避免之列。例如有些行業規定每年或每月必須囤積多少貨物，在這種狀況之下，一年進帳恐怕連付利息都不夠。此時，最保險的辦法是「零庫存」，才能立於不敗之地。

□據說，在庫破的運程中開公司做買賣，可能破到「跑路」？

■確有此說，但並非千篇一律，端視行業的性質而定。

普遍地說，長期投資往往不能指望在短期間內回收，須有雄厚的資金做後盾，才捱得下去。庫破顯指財務結構不甚穩固，耐不住長期的虧累，因此被迫關門大吉或拱手讓人的可能性極高。一旦出現狀況，如果欠缺壯士斷腕的決心，硬拖下來，最後一定隆重垮台，老闆「跑路」。問題是，大型投資資金的累積，通常都會嚇死人，能說斷就斷嗎？許多大型企業開張不滿一年，忽然周轉不靈，開始搖擺，財務出現危機，必然影響商戰的軍心，公司想度過難關，還得托天之福。

大體而言，只要不自我膨脹，以爲「數大便是美」，財庫有損，大概一時經濟條件較差，財務結構較弱而已，運過了就好。

□一些命書說，購置房屋，要看田宅宮的吉凶，可是田宅宮有三種：先天、大限或流年，究竟何者爲準？

■置產之前察看田宅宮，不能說錯，但也不能說對。因爲田宅宮是財庫，財庫旺盛，荷包充實，才有閒錢置產。可是並非財庫旺的人都會置產或都願意置產，因爲財物支配本質上就是一種選擇，既是選擇，命理就不能規定他非置產不可。

假設買房子的目的，不過是爲了保值增值，等到好價錢就脫手，賺點差價，那麼就不能察看田宅宮了，雖然這種投資方式也要投下一筆爲數可觀的資金，財庫不旺，或被套牢，那就很麻煩。台北慶城街斗數專家洪某，就因爲如此而破產，現已舉家移民澳洲。此時的房屋只是一種商品，應該使用大限或流年的事業宮來斟酌，最好再配合一下財帛宮的得失。

□今年想買房子，根據「趨吉避凶」的原理，應該找出最好的方位和坐向，該用哪個宮位的星群組合來判斷？

■哪個宮位都沒有作用。

切記：這是紫微斗數祿命法，而非《**金斗經**》、《**八宅明鏡**》或《**陽宅圖成**》(此三書均爲陽宅學的經典之著)。把祿命法當做風水書來使用，不能不說是一種「自我意識膨脹」，其缺乏學理的基礎，不言可喻。

過去確實有人利用斗數宮位來探討風水（包括陽宅和墳墓）的興衰，也獲得某種程度的準確率，可是我們不能因此承認斗數也能看風水，否則那些風水仙準會失業。

紫雲先生認爲，此舉並非「自我意識膨脹」。斗數在觀察風水方面，確有其功能與範圍，但無須與傳統的堪輿學比較。

□如果先天田宅宮就是祖居，那麼是否可以根據該宮及其三方諸宮的星座組合，判斷一個人出生的環境，以及屋宅四周景物的興廢？

■斷驗的故事，經常耳聞，證實不可思議。隨便舉個例子，供大家瞻仰：

㈠昌曲魁鉞之一進入該宮，祖居對面不遠處必有學校、圖書館、歌劇院等文明建築物。

㈡進入的若是火鈴和魁鉞之類，附近多有廟宇、教堂、神壇，而且以道教或民間信仰的廟宇爲多；如果擎羊也擠進來，很明顯的，供奉的必是大家樂與六合彩迷的最愛，那是專門出明牌的王爺或千歲之類的瘟神。

㈢曾經斷準一個朋友家門口有一條小溪，對岸種植了一排鳳凰木，夏天到來，開滿了火一般的紅花，壯觀亮麗極了，但這排樹在他小學畢業後的幾年內，被人砍個精光。難道我眞的擁有半仙之體，否則怎能斷驗如神？其實江湖一點訣，說破了固不值一文錢也。原來朋友命宮坐亥，田宅在寅，欠缺主星，對宮天機太陰坐守，他老兄是庚年生人，太陰化科，不就是一幅花團錦簇、喜氣洋洋的景象嘛。第二大限，也就是戊子來臨，天機化忌，花木於是改觀了，以目前的都市規劃狀況來衡量，不外乎被砍一光，故有此斷。其實，所謂「斷驗如神」，充其量只是瞎貓碰到死老鼠，運氣好而已，絕對經不起分析。因爲同一生辰的人，不見得都住在河岸上有鳳凰樹的家宅，而假設該朋友家有同胞四人，難道每個人的命盤都出現砍樹的鏡頭！後來自覺玩物喪志，趕緊放棄。

卷十一

預言與世局

無論八字或是斗數，都是針對個別的人而設計的，依理只能推測自己，而無法涉及旁人或別的事務；不知從什麼時候開始，我們這裡忽然冒出一群預言家，既暢談世局，又議論國事，更兼及社會百態，好像眞的一樣。其實，眞的推中，才叫我們大吃一驚！有人質問：「幾年以前，嘗見一大師預測該年美蘇限武談判必然失敗，結果斯應如響，讓一些國際現勢觀察家跌碎眼鏡，難道那是騙人的？」我若堅持那是騙人的，一定有槓子可抬。不過，如果瞭解他們使用的方法，可能笑得前仰後合。那些專家顯然自以爲是神仙，才會異想天開，認爲從八字或斗數可以透析世局和股市行情。

74.斗數可以預言世局和國事嗎？

□命理能不能拿來推算身外之物？譬如能否預知什麼時候會掉錢或鑽戒之類貴重的東西？以及推測前天掉的那輛腳踏車找不找得到、什麼時候可以找到？

■依照「共盤只能推測共性」的原則，一個人掉錢、被竊，都只是他個人的行爲，與同一生辰的人何干。此時，我們須先肯定一事，就是當我們從命盤發覺此事的可能性，那麼，具有同樣時間條件的人，依例都要發生。試想，這怎麼可能。由此證明，共盤無法推測某些特性。

□每年的年尾交年頭之際，一些傳播媒體依例邀請國內星相大師出來口吐金言，爲這人擾攘的世界局變、國家大事和社會環境做點預言，做爲新的一年處世待人的參考，那些預言的可信度如何？

■我如果說那是假的，沒什麼可信度，必然觸犯衆怒，保證吃不完兜著走。

□爲什麼肯定那是假的？

■千萬記住一句話：中國的祿命式無一不是針對個人而設計的，因爲必須將一定的時間納入一個既定的程式（像八字、斗數或鐵算盤），因此只能推測個人而不能推測身外物，尤其是鞭長莫及、遙遠不可測的世局國是。

根據我們的統計，那些預言家使用的方法，不外乎八字或斗數，只有少數人利用易經（五行易）。預言情況更是十分詭異，諱莫如深。譬如說辛未年的辛五行屬金、未屬土，於是斷言土金的行業大好，指出房地產有起死回生之象。斗數今年巨門化祿，巨門為口舌，故大衆傳播、出版事業、教書演講，今年大吉利市；但是文昌化忌，筆墨官司會特別多。如此這般，好像是眞的。

我們的看法是，若是眞的，歷史十幾二十年就重演一次。蓋斗數四化每十年輪迴一次，八字五行的重複，也大概是這個樣子。

中國雖有五千年的歷史，可是預言家卻是稀有動物，屈指可數，不知怎麼搞的，最近卻忽然冒出好幾十個，不是太奇怪了嗎？從前的預言秘笈，像李淳風、袁天罡合著的《**推背圖**》、姜太公著的《**乾坤萬年歌**》、劉基著的《**燒餅歌**》等等，無不使用卦理，蓋只有卦理得以突破無限的時空，進入不可思議的大環境深層結構，命理則被侷限在個己的有限範圍內，對那些身外物自然愛莫能助。

幾年前，有個大師根據紫微斗數星宮的作用，預言了那年秋天在冰島召開的美蘇高峰會議最後將不歡而散，幾個朋友看了之後無不大笑不止，堅認當年若有個「笑話大賽」，首獎非該大師莫屬。後來我們爲了研究高峰會議究竟該看哪個宮位或哪顆星曜，竟徹夜未眠，如今想起，還覺得有點荒唐。

□命中的機率應該很高才對，否則不會引起傳播界的注意。不是嗎？

■講一件不久才發生的笑話。今年（一九九一）陽曆二月，也就是農曆過年之前，波斯灣戰爭打得如火如荼，華視〈新聞雜誌〉請來一批命理專家預言世局消長，某知名斗數專家把胸脯拍得咚咚作響表示，交入農曆三月（陽曆四月），戰爭立刻停止。問他爲什麼？他說：「在紫微斗數裡面，戰爭星就是武曲，武曲遇壬化忌，此年的三月就是壬辰，故戰爭要停，非進入三月分不可。」他老兄言之鑿鑿，兩位主持人聽後，目瞪口呆，佩服得幾乎當場要五體投地。

玉皇大帝偏偏開他老哥的玩笑，節目播出不到兩天，美國總統布希就宣布停火。幸好不準，否則斗數（〈星垣論〉）恐非再加上「武曲是戰神」或「武曲是戰爭星」一句不可。

我們的看法是，斗數並無所謂的「戰神」或「戰爭星」的說法——否則國家行運至此，必然重蹈海珊的覆轍，兩軍開打，弄得民不聊生；個人方面，也要找個瞧不順眼的傢伙，轟轟烈烈幹上一架。

退一萬步說，即令有之，也不見得專指波斯灣戰爭，當時，世界各地還有一些零星戰事，像拉脫維亞的獨立戰爭、泰國的政變和非洲一些小國家的內戰，爲什麼武曲化忌只化在中東一地？

□據說，像《**推背圖**》和《**燒餅歌**》這類預言，後來證實都如響斯應，爲什麼現代人反而無如此能耐？

■其實，中國的預言無不是「事後諸葛亮」——發生之前，誰都弄不清楚到底在講什麼；事過境遷，對照原文，才恍然大悟。所以我們認爲，不要搞那些圖讖、鬼畫符，眞有本事，明白托出，就像美國預言家狄金遜，把甘迺迪總統被暗殺的時間和地點全部洩漏，並打電話向ＦＢＩ（美國聯邦調查局）警告，連三歲孩童都知道是怎麼一回事。

古人也許覺得，預言不能講得太白，否則難免干犯天條，靈霄寶殿的當權派大怒，就吃不完兜著走。現代科技發達，事務極多，人類的聰明才智用到國計民生都嫌不夠，當然不可能再去搞那些沒什麼價值的預言了。

75.斗數能夠預測股市行情嗎？

一

□透過不可思議的斗數祿命式來預測股市行情，在台灣業已蔚爲時尙，股票族聞之，無不趨之若鶩，由於傳說準確度極高，連財政部長都被驚動。請問：從斗數命盤上，眞的能顯現股市行情起落的曲線嗎？

■其實，這個世界絕無一種祿命方式能夠掌握股市不定曲線的起伏，正如沒有一種命理能夠準確預測社會現況和國家大事一樣。八字和斗數都是將出生的年月日時四個時間條件，納入一個既定的模式，從中解讀此人一生的窮通禍福，既然針對個人而設計，自然不可能推測與個人無關人事物——這是「程式的不可能」

□利用斗數預測股市行情，目前約有哪幾種不同的形式？

■從預知的方式看，可分成兩派：

第一種叫作星曜派——尙無較有系統的代表性人物。

第二種叫做四化派——以台北某居士爲代表。

□何謂星曜派？

■顧名思義，星曜派就是根據星曜（包括在主星及各種次級星辰）的本質，歸納出暨些星穩定性較強，凡是這些星辰坐命或在財禮二宮坐守，進場買賣，可以穩賺；某些星曜充滿波動、詭異與衝擊，遇之者只能搶短線，見好就收。

現舉一位名家一九九〇年底自立晚報上發表的評論，給大家瞻仰。他說：

㈠流年的三方遇到代表活潑的天姚、代表偷機取巧的貪狼、代表腦筋好反應快的天機和穩重的天梁，都可望在股票上發財。但是碰上有福同享的天同、欠缺主觀的太陰，則只能依附別人進財。

他還指出，這些吉祥如意的股票星只要在流年中偶遇，坐在家裡等，就有鈔票可數。

㈡天相是一顆奇特的股票星，照到祿存或龍池，適合做短線，照到紫微星，定力夠，可成主力；若會天府，適合長期投資。但是流年財宮見天相、封誥之類，今年就會被套牢，死無葬身之地。

㈢天相遇孤辰和寡宿，主一意孤行；遇破碎則意志不集中，會像雜貨店辦貨一樣，購買很多零散股。天相、天刑，主險中求財，可能從事丙種墊款；天相會武曲、破軍，衝力十足，唯有勇無謀。天相遇文昌、文曲，其中文昌辛年化忌，宜其小心操作，否則有去無回。不過，股票被套牢了，遇天相、解神這些星辰，可以解套。

這種論述就是典型的「星曜派」獨門妙法，賦予星曜一些特殊的內涵，定其吉凶，最大的特色是把星曜主觀地分爲吉、凶或吉凶參半三類，吉星高照，無論購到什麼狗屁股，照賺不誤；相反的，凶星出現，不管當時的股市如何狂飆，他的股票不但不漲，反而一瀉千里。

□何謂四化派？

■該派利用祿權科忌四種化星的牽引，判別某年某月甚至某日的加權指數是漲是跌；有時候還能預測整年的漲跌幅，比星曜派更引人入勝。譬如一九九〇庚午年，太陽化祿，太陽五行屬火，因此造紙、電子、觀光這些發光發熱的類股，大發利市；天同化忌，天同五行屬水，故水泥、食品、航運這些以水爲主的類股，全都死翹翹，翻身無日。

此派也有一記獨門絕招，就是肯定一年、一月，甚至一周的加權指數多少，例如他們經常自豪地預言，什麼時候可能漲到一萬二千點，什麼時候將跌到四千點；好像他們就是股市行情背後那隻看不見的小手。

我認識的某居士，四化派的權威，堪稱國內最享盛名的斗數預測股市專家，技術純熟，已臻化境，推測漲跌，宛如桌上拿柑，例如他在一篇叫〈殺出少林銅人陣〉的文章中指出，一九八九年壬申月（七月），紫微化權，「成交量大增，若有一天達一千八百億也不必驚訝。紫微主中大型，權值大的股會出頭，紫微爲官星，有利選舉有關的類股」。最叫座的例子是一九八九年中秋節前，當南北兩地的斗數專家都肯定中秋節前必然崩盤時，他獨排衆議，後來證實他的推測才是正確的。事後他解釋說，該月癸酉，破軍化祿，不但不崩，反而拉起。如此這般，在眞正的行家看來，仍然逃不過「瞎貓剛好碰到死老鼠」之譏。

□爲什麼使用斗數不能預測股市行情？

■理由其實不難，如果八字和斗數能夠推測加權指數甚至各股的漲跌，那麼股市行情的歷史十年勢必重演一次，因爲十干四化每十年重回原位，一九九一年的行情，必與一九八一年沒有不同，股票族拿出當年的行情表，按圖索驥，無不賺得撐死。試想：普天之下，有這麼便宜的好事？

命理無法掌握股市行情，使用八字或斗數猜測漲跌，猜謎而已，走好運的人隨便買隨便賺，走霉運的人跟著阿不拉、小沈後面買，仍會被套牢。

二

□就學理而言，斗數命盤預測股市行情，只能做到哪些地步？

■坦白說，是不能的。

理由剛才說過——命理是針對個人設計的，無法推測身外物（各種類型的公共事務）。目前有些紫微斗數專家預測加權指數漲跌，所依據的時間準點有二：一是一九六二年正月五日巳時台灣股市開創日，一是每年正月五日巳時盤時。然後參酌每月甚至每日的天干，劃出曲線。無論這種做法多麼神奇，假的仍是假的，永遠不可變眞。

㈠任何專家、大師預測股市行情之前，須先告訴大家正月九日巳時排出的那張命盤，與台灣股市所有投資人之間，究竟有什麼關係？

㈡影響股市行情的因素很多，玩過股票的人無不心知肚明，絕非走到某月某日，股票自然而然就漲就跌，否則必上干天怒。

推測股市行情顯然違背了一條普遍定律：「當環境的因素大於或強於命理的因素時，不能僅憑後者一個因素加以推論。」因此推論準了，不過是猜中，推不準才是應該的。

㈢把一天漲跌累積起來，就是此日的加權指數，而把開盤以來的漲跌數目加起來，就是一般所熟悉的加權總指數，一九八九年曾經飆到一萬二千四百多點。對一些散戶來說，預測加權指數的高低，實質的效果恐怕不大，因爲漲跌幅度在五十點上下時，有的個股漲，有的卻跌，必須確實告訴我哪種個股會漲，才有參考的價值。

事實上，迄今爲止，沒有一個專家敢做這種推測。理由無他，一是沒有一種法門得以預知，二是如果眞的有效，他去買賣股票就會賺死，還會爲了區區幾千塊錢，在那裡絞腦汁？

㈣若眞的想用斗數協助探討行情，必須注意一事，命盤是我的，這是主觀的事實，股市漲跌是外在的環境，是客觀的事實，主觀永遠不能改變客觀，最多只能順著客觀形勢加以調整，調整合宜時，自然就會賺錢。因此從命盤行運的轉移，只能推敲我買賣股票會不會賺錢，而不能推測別人（一些作手）買賣股票會不會賺錢。

卷十二

疾厄與死亡

中國祿命觀念裡有一句話，幾乎可以蓋括整個精神，那句話只有四個字，就是「趨吉避凶」——預知災難，然後離開它，往吉祥的地方發展。我們確信，如果命理無法達到這種最起碼的要求，那麼我們勞心勞力研究的事項，不過是象牙塔內的學術理論，缺乏實用的價值，棄之可矣。

事實上，這是一句空泛、做不到的話；遺憾的是，自古以來，從無一人懷疑它的眞實性。災難必與佛教所謂的果報有關，故非祿命程式所能推測，所以想逃也逃不了，正如死神蒞臨，誰都無法逃避一樣。

76.算得出什麼時候生病嗎？

■「疾厄」一詞有點含混，應細分爲疾與厄兩事，才算圓滿，蓋疾指疾病（illness），是健康上發現障礙，厄則是災難（accident），一種不期而至的禍害。兩者之間有著顯著的不同，不宜籠統認定，一筆帶過。有人把這些項目納入不可推算的範疇，究竟基於什麼樣的理由？

■從醫學的觀點看，健康跟父母甚至祖代的遺傳有密切的關係，從目前所規劃的疾厄宮來斟酌，勉強沾邊，因爲疾厄與父母對照（可見一千年前就注意到遺傳問題？）可是災難就不能對照疾厄宮狀況了，而是觀察命宮及其三方諸宮，因爲災難無不衝著自身而來，當外在宮位忌挾煞衝擊命宮，其中又以遷移宮的現象最爲明顯，就要特別注意突然蒞臨的災禍了。

我們曾經建議把疾厄宮改爲健康宮，並取消「災厄」的推算，以便切合實際。

理由有二，都不是太難。

第一，健康的事，最好交給專業醫生處理，命理學者和算命先生即使曾習醫理，也不宜貿然替人診治。

第二，災難的推算是命理無法逾越的極致，因爲災難是特殊的、獨立自主的，非共盤所能掌握。

□有些專家指出，從命盤結構中探測病源及其診治方法，確實靈驗無比，已有多次的臨床實驗，絕非只是傳說而已，醫學界利用斗數或八字協助斷症的案例，也經常傳出，不過讓人迷惑的還是：命理眞能夠診測疾病嗎？

■類似的消息最近一直在渲染，報紙也經常有這方面的新聞的披露，爲中國醫療史上開創了一個新的機運，看來五術（山醫命卜相）大整合之日，已經不遠嘍？但是我們仍要澆澆冷水，此事剛好矇上的機率必然很高。因爲：

(一)當年設計八字程式或斗數命盤的人，不一定懂得醫理醫術，不太可能連這種事項也妥善照顧。

(二)無論陰陽五行抑或主輔諸星，均不能涵蓋目前所有的症狀。

(三)一個時辰容納了相當多的人，他們不可能同時生病、罹患同一種症狀。

有些疾病具有時代性，譬如豬瘟型流行性感冒、B型肝炎、AIDS，一千年前的人絕對不可能知道，那麼現代人又如何依據陰陽五行或星曜賦性，推測某人罹患該症？

紫雲先生說，從命理推測病病，目的在於諮詢，而非治病，若能經由命盤運勢的轉移，發掘健康的旺弱曲線，做爲個人預防疾病、健康檢查之用，仍然值得探討。他認爲現有的疾厄宮含有「內因」(生理失調)與「外感」(意外災禍)兩種意義，其中的意外災難似與疾厄宮的吉凶有些關連，命盤卻顯示在先天命宮(或大限命宮)及其三方諸宮而非疾厄宮。「內因」所產生的生理疾病，推論重點與外來的禍害相同，並非單考量疾厄宮。

□從命盤上看得出何時生病以及生什麼病嗎？

■如果看得出，依照「同一條件必產生同一結果」的原則，只要生辰相同，都會在同一時間生病，而且罹患同樣的病。不必思考，也知道這是不可能的事。

不錯，命盤確實有個探討健康的獨立宮位，可是該宮不是用來預測將罹患什麼病？嚴重與否？以及否何時得以痊癒？它只被用來隱約地觀察健康狀況和體能強弱的情形，由於這些部分具有個別差異——必與父母甚至祖代遺傳有關，任何一種推測，都有「理由不充足」的遺憾，難以取得共信，因而被打入不可推算的範疇。

□有些斗數書籍指出，這輩子會不會動手術以及應在何時，必須準確判斷出來，功力才是最高的，此說可信否？

■必不可信，那種人根本不瞭解命理眞正功能。

開刀是先破後立，目的是積極的，但仍屬於災難，故不會從命盤顯現，無論他的疾厄宮會照了多少忌煞。論命的時候，我們幾乎完全不考慮這方面的事項。

譬如有人問：「能不能看出我哪年十二指腸潰瘍，住了一個月的院才治好？」或者責問：「爲什麼連我七歲那年骨折都斷不出來！」這類問題經常會嚇倒初學者。

有些疾病跟個人的意志有關，譬如酗酒幾年以後肝硬化，有些疾病是慢性的，譬如胃病、十二指腸潰瘍，必須經年累月地積存，才肇災難；有些疾病譬如膽結石，原本去年就該開刀，因爲工作忙碌，只好拖到今年。這些情形都是人爲的，非命中註定——只有命中註定時，才能用命盤加以預測。

紫雲先生說，從命盤上看不看得出罹患什麼疾病，涉及斗數原理法則的運用，以及個人的功力問題，並非絕對不可能。生理疾病所涉因素甚多，習命者若未具備中西醫學的知識，絕難洞燭機先。

77.災難可以預測嗎？

□什麼才是「重大災難」？車禍嗎？可是車禍有很多種，有人被撞得粉身碎骨，有人從此半身不遂，有人只是皮破血流，到附近醫院擦點碘酒就回家；坐牢算不算重大災難？但坐牢也有時間長短之分。

■凡經由不可預測、不可抗拒的力量而讓人身受創、財物損失的事項，都稱災難。其中損失慘重、無法彌補的災難，就是重大的災難。

舉例而說，兇殺、坐牢、開刀、車禍、中風、癱瘓、植物人、發瘋、火災、掉大筆錢等等，都可稱做重大的災難。北一女的王姓學生被車子撞傷，癱瘓爲植物人迄今已近三十年，這是重大災難的典型。

但是身體擦傷、感冒等小病痛，雖然有損，卻微不足道，可能算得出來——有個朋友仍堅認即使這些小case，仍然不可推算。其他方面，像緩刑宣告、違規受罰、打筆墨官司、與人口舌是非等等，即令只是輕微的災難，也在不可推算的範疇之內。

□重大災難無法推測，是基於怎樣的理由？

■災難的特色是「排他的」、獨立自主的、「不共盤的」，不是人人都會發生的——這句話的另一層意義就是，只有少數特定的人才發生，所以不會在許多人共用的命盤上顯現。從命盤轉移的軌跡加以追尋，即使命宮會聚許多煞忌，即使歲運行程驚險萬狀，結果也不是必然。因爲邏輯法則指出，「前提條件相同，結果必然相同」。

如果災難可以從命盤上被推知，譬如有個人犯了搶劫案子，被法院判處有期徒刑五年，這件事一旦讓算命先生算準了，那麼依照邏輯推論，同一生辰的人都在同一時日進行搶劫，然後被捕，然後被判五年徒刑，然後成爲牢底亡魂。

這種推論顯然是荒謬的。

紫雲先生認爲，「有了事實的現象，必有命理的跡象」。當然，重大劫數譬如戰爭、天災地變，就非命理所能預測，但是個人的小災難，應有軌跡與脈絡可循。

□許多算命先生警告顧客今年應該注意「犯官符」，結果眞的犯了官符，難道是猜的？

■當然是猜的。

我們必須保證同一生辰的諸人今年都犯了官符，才能證明推測的結果爲對。

官符的內容是啥？也有歧義。

紫雲先生說，不一定是猜的，因爲有了命理現象，又有後天事實跡象的呼應，經常都會應運而生。

□災難既然不可推測，究竟如何預警？我們總不能坐以待斃呀！

■有些災難的本質比較特殊，譬如官司（常指吃官司、上法院而言），若能提示發生的時間和內容，當能隱約推敲該官司的結局；若是刑事被告，還可能進一步看出判多少徒刑，必須坐牢，或者只是拘役、易科罰金即可。

其他情形，譬如告知某年發生車禍，可以推出車禍的輕重，是否造成殘廢；告知某年被倒了一筆錢，則可推敲討不討得回來。

推測這些災難，有個極其重要的先決條件：必須事先獲得提示，也就是被論者主動提示災難的內容以及發生的時間，然後利用斗數特有的定宮（定位）原理，勉強找出一些蛛絲馬跡。如果缺此提示的手續，僅考察宮位吉凶或星曜轉移，即使算準，猜中的成分永遠大於推中。

□爲什麼說只能「勉強」？那是因爲命理對這類不可知也不可抗拒的災難，迄今仍然無力捕捉它的蹤影。

□一般來說，命中見煞星越多的人，遭致災難的機率相對地越高，此說是否可信？

■確實有此一說。

煞星具有衝擊、擾亂、冒險犯難、挫敗意識強烈等性質，命宮會照煞星三顆以上，身心備受折磨煎熬，小時候不會保護自己，多主外傷，長大後則干擾神經系統，使人心神不寧，神經過敏，這些事實證明，肇事率比沒什麼煞星的人高很多。

所謂的肇事率僅指普通傷害而言，一旦造成重大傷害或災難，命理就束手無策了，因爲不是擁有同樣煞星的人（生辰相同）都會發生。

□在傳統牢不可破的觀念中，算命最大的動機自然就是趨吉避凶，如果算命算不出災難的內容和時間，命理的價值難免要被質疑，不是嗎？

■這自然是個誤解，不然也是對命理的功能欠缺理解。

一千年來的傳統祿命價值確實建立在「趨吉避凶」這一理念上，不過，吉倒是可趨，凶若是重大的災難，就不一定避得了，因爲凶是不可測的，這也是許多算命先生經常掛在嘴邊的「天有不測風雲，人有旦夕禍福」，如今反而要求推測災難，甚至於教人逃避，好像有點言不由衷。

紫雲先生說，大環境的災難通常稱爲劫數，這類劫數，不一定出現在個人的命盤上；可是屬於個己的災難，必然出現命盤上。這是很重要的觀念，千萬不能混淆。

□發現命宮及其三方諸宮不吉，該如何趨避，方爲上策？

■所謂的不吉，假使只是一般性的禍害，像破財浪費、事業經營出現敗績、婚姻亮起紅燈等等，當然可以避免，大概不去「呼應」，就能免除。若是突然掩至的重大災害，譬如車禍、天災地變，恐怕想避都避不了。

□佛教因果律說，重大災難都是果報，是否必報以及報了就算？

■佛教指出，重大的災難都會報應，即使修到神通加身的境界。但是業報的時間不是固定的——此生所作，來世必報；而是不定期的，端視助緣聚合而定，故今生的報應，有的是前生造的因，有的是前前世造的因。

一旦牽涉果報，不但無法避免，而且也無法復原。發瘋（精神病）是屬於惡業報應，所以龍發堂那些患者不能指望痊癒，回到社會上繼續士農工商。

78.多胞胎的命宮該安哪裡？

□一九八九年，台灣的人口數堂堂進入兩千萬，其中一個初生女嬰被內政部選爲「第兩千萬娃娃」，以廣宣傳，提醒大家對人口膨脹的注意。這個幸運的嬰兒的命運，與其他同一生辰的人有什麼不同？

■沒什麼不同。

因爲命盤排出，跟其他諸人並無二致，既然如此，就不能說她的命運有什麼特殊之處了。譬如她仍要受到生老病死的輪迴與折磨，仍要受到人生周期起伏的支配與作用；她必須非常用功，才能考上較好的學校；將來進入社會，照樣要努工作，才能陞遷；如果婚姻失敗，也會嚐到薄情的辛酸與苦楚。唯一的不同是，她會受到國家一些特別的照顧，例如讀書、看病、坐車乘馬，可能完全免費。

□多年以前，高雄市發生一次激烈的警匪槍戰，死了幾名警探，相當壯烈，當時有個待產婦女受到波及，流彈從腹部穿過，送醫急救後，順利取出子彈和娃兒，母女均安。這個女娃大難不死，她的命運會不會從此改變？

■「大難不死，必有後福」是中國流傳了很久的諺語，也許眞有那麼一點可信度，可是命運卻不一定會受它的影響。

一個人之所以經常遭受災難侵擾，弄得險象環生，必有主觀的因素在焉。原則上說，命中照煞越多，災難蒞臨的機率，相對越高。例如紫貪在酉坐命，癸年午時出生的人，必然見到擎羊、火鈴（亥卯未年火在卯、巳酉丑人鈴在酉）、空劫和忌星（貪狼化忌），特別是化忌，牽動煞星，忌挾煞攻擊命宮，受創的程度必烈，隨時隨地都像走在鋼絲上。不過，這也只是一種主觀認定，不是必然發生或必然不發生，因爲災難具有獨立自主性，從命盤上找不到它的軌跡。

□多胞胎（包括雙胞、三胞、四胞……）的命該如何推算？換句話說，多胞胎的弟妹的命宮，該定何宮，或者需要另排一張命盤？

■我們的看法是：仍用原來的命盤和命宮算命，除非時辰不同，那必須再排一張命盤。

多胞胎屬於特例，命理制定之初，考慮的必然只是常態分配，訴求對象是天下大多數的人，其中難免碰到一些例外，此時就以特例處理。多胞胎的特例，其實也是普例，蓋與普例固無分別，因爲命理依據的時間是規則的、不變的，只要時間條件相同，自然不會發生歧義。

現代的國家制定法律條文，能放諸四海皆準，固然很好，萬一做不到的時候，對於那些例外，一般都採用最高法院的判例，但是命理不必這麼麻煩。

□如此一來，多胞胎的命運豈非完全相同？

■這是沒辦法的事，命理本來就有很多缺失，不管經過多少年代，仍然無法改善。

□有些多胞胎落地時間前後相差無幾（五分鐘，且在同一時區內），可是性格和後來的際遇、成就，均有明顯的差異，關鍵在哪裡？

■關鍵性的原因自然很多，可是有的與命理程式有關，有的則八竿子打不到。有關的部分，敍述如下。

㈠命理（無論八字抑或斗數），無法盡情涵蓋或詮釋每一個生命在他的有生過程中所發生的事項；易言之，命理有它無法克服的障礙，也有它無法解釋的自然現象。

㈡性格形成的因素非常複雜，命理程式所能掌握的，只是一部分或一個輪廓，而非全部；何況影響性格發展的外在條件尚有許多，多胞胎在遺傳上固然相同（異卵的差異較大），可是成長期間所感受的外緣，會讓他們各行其是，這些不同就會造成日後的差異。

㈢一個人作何種選擇，不是固定的，而人生旅途中的機緣與偶遇，更是無可捉摸的。擁有相同命盤的人一旦作了不同的選擇，後來的機運、事業成就與社會地位就出現差異。

□此事若用兄弟宮及其他相關宮位推算，不就很清楚嗎？

■不一定清楚，相反的可能讓人更糊塗。

多胞胎的弟妹若用不同的宮位算命，將違背命理的公平原則，似乎在這個系統中，出現了例外，此例一開，後患勢必無窮。有些人算命，不預先告知他是多胞胎，也有一些人根本不知道他是多胞胎，因此算不準的機率就很高了。

紫雲先生說，如果使用的只是傳統的祿命方式，當然無法推論多胞胎的差異性，可是現代人業已突破古典祿命術的窠臼，採用特殊的診斷方法，自然可以隱約看出其中的不同。命理的推論由於還涉及個別差異（後天環境的遭遇），因此雙胞胎或多胞胎有他們不同的命運，此中的關鍵至爲重要。

79.妻妾的命宮該安哪裡？

□祖父他們那個時代有納妾的習慣，元配和細姨，她們的命運消長該用哪個宮位算命？

■答案是：「應該使用她們自己的命盤算命。」

有個人娶了三個老婆，卻要用自己的命盤來觀察哪個老婆比較旺夫、益子，甚至比較貞潔，簡直跟命理過不去。依照過去的習慣，大老婆（元配）使用夫妻宮，二老婆退一宮，就是子女宮，三老婆再退一宮，就是財帛宮，結果好像有那麼一點準確度。但是問題緊跟而來，如此一來，二老婆的命運就跟長子或長女相同，而三老婆的命運就跟次子或次女相同，這當然是說不過去的。

正確的論法是，不管什麼人，只要嫁給此人做老婆，婚姻前途的興衰與得失，一律使用單一夫妻宮來考量。當然，這一件相當複雜的事，蓋夫妻宮設置的旨意，並非爲了探討上述諸事，勉強移作此用，顯係誤用。

有人質問：「誰比較旺夫益子？誰比較得寵？誰比較忠貞？豈可能推算不出？」當然推算不出。

因爲命理不作這些用途——命理的功能十分崇高，在於規劃一個人的人生藍圖，並在面臨重大抉擇時，提供資訊，協助判斷，所以不會在這種雞毛蒜皮上用心。

紫雲先生說，這是方法的問題，也就是功力的問題，並非不可推算。

□透過條件輸入的方法，可以探測嗎？

■捨輸入法，別無他法。

例如某甲娶了一個老婆、兩個細姨，我們想辨識下列這些事項：①哪個對他最照顧？②哪個對他最忠貞？③哪個能助他發展事業；甚至相反：①哪個只是貪戀財產？②哪個可能紅杏出牆？必須一一輸入她們個別的條件，加以對照，才能透澈。

「輸入」是種新的命理技術，懂得使用的人還不太多。

□青康藏地區的人有一女配數夫的習俗，她的婚姻成敗，該如何推敲？

■這自然又是一個特例，對於特例，命理往往愛莫能助。

□**《斗數宣微現代評註》**（時報出版）後面載有東北軍閥張作霖的命例，他生於清朝光緒元年（乙亥）二月十二日巳時，命盤排出，太陽在戌宮坐命，夫妻宮爲天同天梁。張大帥娶了一屋子的姨太太，依照一般世俗的說法，五姨太的命宮在辰（元配在申，故五姨太在辰），內有太陰、擎羊、地劫，衆煞盤踞，煞忌同在一宮施虐，不但專寵，而且跋扈，豈非符合

「相傳五姨太最專寵」這一事實？

■張大帥的五姨太最爲跋扈專寵，應該只是個特例，不能認定使用夫妻宮及其相關宮位，可以發現這個事實。

若眞的要討論各個姨太太的心性與命運，當以張大帥的先天夫妻宮爲準，然後輸入每人的條件。遺憾的是，該文並未交代所有姨太太的八字，甚至五姨太的生年也付諸闕如。

台北某大飯店林老闆，華僑富商也，故世多年，最近閱報，遺產分配的問題擺不平，子孫正忙著打官司。他生前曾娶七妻，訃聞上未亡人一字排開，硬是七個，一個不少，甚爲壯觀。據說，他每娶一房細姨，就開個店如服裝店、珠寶店、飯店之類，讓她們自行經營，他老兄按月出巡，像古代的員外出外收租一樣，連旅館錢都省了下來。如此御女有術，乃是天賦異稟，不會在共盤的夫妻宮中顯現，所以娶七女爲妻，並非命理使然。

□五年前，彰化有個一貫道道親劉某，揚言要娶十八個老婆做爲道侶，結果娶到第十三個，就被人揭發，隆重吃了官司，這種人的夫妻宮，究竟有什麼獨特之處？

■說來也許有人不信，他的夫妻宮可能平淡無奇，隨便到巷口找一個，都比他漂亮。我們認爲，道親兄之所以取了一窩老婆，充其量只是一個特例，與命盤上的宮位、星曜分布的軌跡，全然無關——必須同一生辰的人都矢志要娶十八個老婆，才能說兩者之間有了因果關係。

一個人結婚多次，或許有一些命理方面的因素在焉，可是一次娶了好幾個老婆，則跟個人的意願（特殊癖好）有關，而與命理因素無關。

紫雲先生說，張大帥、林富商和劉道親的多妻，就命理而言，至少涉及下列諸事：

㈠命理類型的特質。

㈡所處的時代與環境。

㈢宗教信仰。

張林具備了㈠㈡兩項，劉具備了㈠㈢兩項。此外，一旦觸及宗教規範（信仰、觀念）或政治因素，便非一般傳統的祿命技術所能解決。

80.死亡有無蛛絲馬跡可尋？

□我們常聽到「壽終正寢」這樣的名詞，被用來描述一個死得其所和死得自然的人生；「死於非命」則剛好相反，那是青年或壯年暴斃，死無葬身之地。其實這兩個名辭頗不容易界定，命理的看法又如何？

■活到六十幾歲，沒病沒災地嚥了最後一口氣，一般世俗稱做壽終正寢；如果六十之前歸去，無論是否發生意外，都叫死於非命。

這裡所謂的命，約指一個人應該享有的陽壽。

不過，討論壽限時，須在一項前提下進行——人類能夠預知或確定一個人的壽限，否則所有的討論只是多餘而且無濟於事。人類非佛亦非仙，也未修得宿命通，更未發明一種特殊儀器或程式，足以推知陽壽，因此無法推測究竟能活多少歲數，乃是理所當然。準此而言，研判壽終正寢或死於非命，看來是沒什麼意義的。

目前國內最享盛名的高僧印順論師在〈生死大事〉一文（載於《**妙雲集**》《**佛法是救世之光**》中），對此事有另外的看法，特抄錄如下：

㈠壽盡而死：壽命完了，無論活到好大的歲數，從前生業報所感的壽命，一定會死，譬如燈盡油乾。現在的人可活到一百歲左右，到那個時候就得死，無法挽救。

㈡福盡而死：日常生活需要衣食住行，有的尙未到老，不應該死，但是福報完了，沒飯吃也沒衣穿就餓凍而死。

㈢不應該死而死：遇戰爭、水災、火災、失手打死、病無藥醫、不知調養、營養不足或操勞過度而斷送了生命，這與壽盡福報盡不同。

□傳統命理對壽終正寢和死於非命的看法，與現代有什麼差別沒有？

■可以這麼說，世界上現有的學問均無法判斷陽壽長短的問題，因此壽終正寢、死於非命云云，都是沒有必要的假設。現代科學雖然呼風喚雨，無所不能，畢竟還有辦不好的事項。以量子物理學去探究極微世界的因果關係時，會發現常識所無法想像的奇妙現象。德國物理學家海森堡(Werner Karl Eiesnberg一九〇一～一九七六)在一九六二年提「不確定原理」，針對此而來。他說，「在這個極微世界裡，物體的位置和速度無法同時正確地測定；易言之，我們無法預知物體未來的運動。」死亡是不可能被測知的，因爲人沒那麼厲害；同理，人類所設計的任何一種程式、原理和結構，自然不可能突破這層極致。

傳統習慣認爲，凡是死於兇殺、車禍、惡性疾病、刀兵、天災地變等情形，以及夭折（六十歲前故去），都稱死於非命，無論死者生者，內心必充滿著無限的哀思與惆悵。在六十歲以後嚥氣伸腿，自屬壽終正寢無疑。從前「七十古來稀」，七十歲以上的老人駕鶴歸西後，有些地方還要張燈結綵，當做喜事來辦理。

紫雲先生指出，死於非命通常指外來的禍患加身造成，但是死於急症（暴斃），則不可稱做非命。五十歲以後、六十歲以前因病而歿，稱爲「短壽」；但是七八十歲以後即使死於橫禍，也不可稱做非命。

□一個人究竟壽終正寢抑或死於非命，從命盤上可以隱約預測嗎？

■從前的學者以爲，命宮會照的煞星超過四顆，將死於非命；相反的，煞星照得少、吉星照得多，準是壽終正寢無疑。現代科學方法學進步，證實那種歸納有著根本上的錯誤，不足爲訓。正確的理念是，命理程式無法規劃任何人的陽壽，也就是從命理程式中，推不出壽數和壽限——壽數指能活幾歲，壽限則指該在哪年哪月蒙閻羅王寵召。

因爲有個別差異（個人業報）存在，即使是多胞胎，也不會同時謝世，道理即在此。這是「程式的不可能」（formula impossible），與功力無關。

紫雲先生說，「橫死」的命盤（宮）多屬凶煞相加；因病猝死者，情況亦同。這與纏疾經年、老年衰弱，略有不同。凶格多屬橫死或猝死，應該多加驗證，不可未經驗證，動輒排斥，否則便是自誤誤人。

□若非預斷，而是事後研究，能否從中理出一些軌跡，做爲今後趨吉避凶（或延年益壽）的參考？

■命理基本上無法規劃壽元，因此從星與宮的運作軌跡、四化與煞星的交替作用，推究臨終的時間，甚至死於什麼狀況，結論必然不確，多屬「偶合」（偶然符合）。

就邏輯推論而言，大前提既然不眞，結論就不可能正確。

幾年前，有個朋友拿了一大把亡故的命例給我，包括何時斷氣、死於什麼情況、死後是否衰榮，非常詳盡。我問他「蝦米路用」，他答：「給你研究呀！」我再問：「研究蝦米代誌？」他堅定地說：「當然是研究死期，瞧瞧在什麼情況之下必死。」我於是笑道：「我先問你一個問題，答得出來，我才研究：同一生辰的人會不會同年同月同日同時魂歸離恨天？」他想了一下，才慢斯條理回答：「當然不會。」既然不會，我難道吃飽飯沒事做？

現在已知使用命理推算陽壽的前提是假的，因此無論結構多麼紮實，主張多麼牢靠，結論仍然不可能變錯爲對。所謂「延年益壽」、「趨吉避凶」的參考，不外乎在陽壽將盡之時，作一點努力，譬如透過祈福禳災、廣積陰德，或者像蜀漢軍師孔明先生那樣試圖壓住將星，使不殞落，以求延壽一紀。其實依定業不可改的鐵律言，那是不可能的，人之所以要生老病死，乃是一項無可奈何的因果定律。

紫雲先生說，意外死亡或因病而死所牽涉的因素很多，傳統的推測方法存著許多盲點，當然無法掌握，但是認眞探究，仍然有跡可尋，並非完全不可捉摸。

81. 死期算得出嗎？

□死亡既然不可推算——你想算也算不中，可是爲什麼還有那麼多人在拚命研究死訊，並據此算命，甚至揚言他他們能夠洩漏天機，預測死訊？譬如隨便一個名人紅星暴斃，報紙立刻登載他在不久之前曾被算出該死。

■此事說來話長，大概習性所成吧。

我在習命過程中遭過許多頗爲不凡的經歷，寫出其中兩件，博君一粲。

第一件是被「考死命」。

多年以前，有個人找我論命，坐定之後，他啪啪掏出一張生辰，是一個年輕人的命，當時我用八字批算，於是迅速排出四柱，然後依照傳統的方法，先分析喜用，再談事業與財物的得失，最後探討目前運程的興衰。我說得口沫橫飛，他老兄不發一語，一副老僧入定狀。半個鐘頭後我問：「你看準確度如何？」他微笑答說：「你說的也許都對，可是竟然算不出他已經翹了辮子。」

我差一點昏倒。

第二件是被譏爲「菜鳥」。

有一次碰到一個斗數高手，他當衆教訓道：「算命最難的地方，不是判斷命格高低，也非考察四化牽引的方向，更非確切地指出未來運程的興亡，而是推斷在行運過程中可能發生哪些意外。否則閣下引經據典，嘴角全波，暢談未來前程如何遠大，事業如何鴻圖大展，好像都是眞的；不幸的是，此人早在兩年前就已蒙閻羅王寵召，這不是開玩笑兼吃人家豆腐嗎？」發現四座都被唬住了，他正色告誡曰：「算命必須確實算出死期以及某些年份可能降臨的災難，譬如隆重坐了牢，倒霉開了刀，不然就是家裡祝融火神蒞臨，燒了個精光。唯有如此，他的功力終才獲肯定，否則準是隻菜鳥無疑，端不上抬面啦。」

這一訓把我訓得迷迷糊糊，至今尙未清醒。

當然，考死命是無聊的，要求推算死期和意外事故，則是把祿命式當做天上神物，把命理學者和算命先生當做地上神仙，都不是正確的觀念。

□壽命既然不可推算，那麼從事祿命研究，必須先做什麼心理準備，才能應付有人隨時前來考死命？

■那些不懷好意的人通常把生辰或命盤往前一推，就閉目養神，準備看笑話。此時，不妨參考一個朋友的獨門絕技，他通常先喝一口茶，潤潤喉嚨，然後慢斯條理斷曰：「這個人已經死啦。」若眞的死了，對方大約是微微一笑，當場盛讚閣下是太白金星下凡塵，付錢走路；否則必然大吃一驚，叫喊道：「亂講，這是我命盤。」朋友立刻揶揄說：「我怎麼知道這是你的命！這種命在台灣至少有七八十個，我說的是其中一個，他已經翹了辮子。」

嚴格地說，算命的「算」字，指的是推算、演算，利用類似代數、幾何的原理，就已知事項加以解析判斷，推測未來可能形成哪些變化，絕非傳統所宣稱的「神算」，只要告知生辰，屈指一算，上天下地，森羅萬象，無不盡洩。就學術討論而言，並無死命之說及其推算方法，因爲做爲推算的工具——八字程式或斗數命盤，都是共用的，光在台灣一地，每一命盤，至少有七十七人適用（見前文敍述）。

經過不斷的吃虧、上當和絞腦苦思之後，我終於悟出兩條規則，提供大家做爲壯膽之用：

第一，死亡和重大災難都是獨立自主的，不能推算也不必推算。

第二，論命時，必須假設被論者長命百歲。

這兩條規則最多由學理派的習命者謹記心中，做爲護身符，並避免明知故犯，而不指望江湖術士和一般不明就裡的民衆也要遵守如儀。

□「死亡不可推測」所依據的普遍定律是什麼？

■可依「死亡屬於絕對事項（特例）」這一普遍定律，也適用「一生只能做一次」這種原則或習慣。

經驗法則認爲，凡是絕對事項，必無討價還價的餘地，死亡就是如此，因爲你絕對不能跟死神討價還價。就特例來說，每個人的死期均不一致，同一生辰的人不可能在同一時日歸天，才是正常的。由此證明，命理程式不可能規劃一個人的死期和死訊。

82. 爲什麼鐵板神數可以預測死訊？

□傳說，有人擁有一種秘笈，可以正確預測死期，命書批得清清楚楚，絕不搞猜謎遊戲，此事真否？

■該秘笈若是我們所詳見的祿命術——將出生時間納入一個既定的程式——仍然不真。因爲祿命式絕對逃脫不了時間所設定的樊籠，蓋任何一個時辰均涵蓋衆多的人，只要時間不被超越，也就是只要無法達到「一個時辰一個人」以及「一個人一個命」的理想境界，無論他學到的是哪種神仙之術，都將無法如願。

□鐵算盤（鐵板神數）同樣使用生辰做算命依據，卻能準確地預測死期，爲什麼鐵算盤能，八字、斗數不能？

■鐵算盤雖然也用生辰，卻推到刻度，比一般命理強八倍，據說還輸入了一些祕密資訊，否則光贏八倍仍然無用，因爲人口數永遠高於命理的排列數。鐵算盤推斷死期，硬有一套，香港碩果僅存的鐵板大師叫董慕節，他閱人無數，六十年代邵氏電影公司日正當中，沒有一個紅星不找他批算窮通禍福，演過「梁山伯與祝英台」的小旦樂蒂，生前曾展示她的命書，其中一些文字是這樣的：

古典氣質我演古戲，人讚人讚
衰敗風尚他作衰行，自嘆自嘆
厚者不厚，樂者不樂
香閨枯坐，何止奚落
徒重義氣，暗自悲哭
短見覓死，陰曹獨宿

字裡行間，暗藏著無限玄機，不但把她的職業性質托出：還有更微妙的，「樂」是樂蒂，「厚」是陳厚，她的丈夫也。樂蒂本名叫「奚重義」，也在命書中展現。樂小姐婚姻不佳，後來自殺了斷，應驗了最後那句批示。

鐵算盤據說是宋朝理學家邵康節發明的，距今已有一千年，爲什麼能夠突破命理的困境，正確地預測死期，我們一直不得其解。

□鐵板神數看來神奇古怪，它到底依據什麼邪門祕笈，始能透徹生死的玄機？

■據董慕節的說法，該數的斷語記在兩本書册裡，其中《**皇極經世**》有六萬句，《**皇極勾玄**》有十一萬八千句，他僅擁有前者，但後者已經失散了，否則簡直連玉皇大帝吃喝拉撒，都被世人測知。

想要運用該術，必須找到一把鑰匙，該鑰匙被寫在一些艱澀的詞句裡，迷惑衆生。此術歷來都是祕密傳承，大概生怕每個人都懂，引起天下大亂。該詞抄錄如下：

爻從三十起，乳卦六爲頭。
兌後爲少女，集中一網收。
變知六八止，應世兩同擣。
遇十須不用，玄玄妙法周。
當著多寡數，及止乘因由。

鐵板神術對死亡的描述，一點都不含糊，像「六十二歲，壽窮數盡」，像「六十七歲，龍宮離水，一筆勾銷」，像「五十六歲，魂歸道山。」那些人屆時果然都翹了辮子。所以行家都承認，「鐵板一算，神鬼皆愁」。

□一般人總是認爲，算命若不能算出陽壽，豈非無趣？因此我們習見的「大流年」（從呱呱落地批到死翹翹的一種命書）中，如果找不到命終的時日以及出殯的景象，顧客會不會當場翻臉？

■自古以來，民衆都把算命先生膨脹爲閻羅王，或足以跟十殿閻羅平起平坐的不世出人物，否則一個凡人怎能有如此能耐！

算命不推測死期並非全然無趣，相反的仍有它正面而且積極的意義；換另一種說法，死期若能被正確預知，恐怕不是好事。譬如閣下被預知明年中秋晚上，正在面對嫦娥小姐沈思時，忽然失足墜樓，魂歸離恨天，好啦，在苟延殘喘的這些日子裡，該如何度日，心裡才會舒坦？願聞其詳。此時此刻，一切即將化爲烏有，還有什麼事不能做、什麼事不敢做的？

□據說死亡屬於佛教一個重要概念——「定數」，爲不可思議的境界，世俗之人，尤其未曾靈修到宿命通的層次，怎麼可能瞭知？

■台灣民間信仰的思想中有「未註生、先註死」的說法，一切都在預料之中，命理是出生之後——時間固定（坐標軸確定）了，才發展出來的程式，準此而言，使用出生後的命理程式來探測出生前的生死玄機，當然不可能。

就佛教業報法則（因果定律）而言，生與死，都是個人有漏業報所現，因果定律又是三界至高無上的秘密，唯得道者可以窺破。但並非獲得神通，就能深入此種不可思議的境界，他必須具備六神通中的宿命通，這是很高層次的靈通，唯登地以上的菩薩摩訶薩境界可達。退一步說，即使偶遇這樣一位菩薩，他也不見得願意洩漏閣下的因果玄機。爲什麼？答案是：得道者不會也不敢隨便說破衆生的因果。我們這些淪落無邊苦海、無法自拔的俗人，怎能僅憑一個粗糙的命理結構，就透徹了無限的天機！

紫雲先生說：研究命理的方法極多，拿發生過的命例加以探討，仍會獲致一些心得。在研究透澈之前，或者說理未能周延之前，某些意見最好藏拙，以免誤人。

他認爲從事學理研究，應該注意下列幾個觀念性的問題，不然無法修成正果：

㈠使用螺旋槳的飛機只能飛天空，卻抵達不了外太空，應無異議，但是利用噴射推進器就可以突破這層障礙。

㈡把學術預先確定在某一個定點上（界限），這種學術將停滯不前。

㈢傳統的祿命法無法推算生死，那是因爲傳統的方法有如螺旋槳飛機，無法飛上外太空。

㈣利用祿命法推算死亡與意外災厄，必須涉及特殊的祿命觀念和特殊的推測方法。

㈤祿命之學的主旨，在於探究人生的榮枯趨勢以及比較可靠的現象與作用，不一定要像物理化學那樣強調精準。

㈥站在學術立場探討死亡——壽終正寢或死於非命，並無不可。

㈦命理探討，屬於玄學範圍，應從不斷的實驗中體悟。

□如果輸入一些條件，譬如嚥氣的時間和死時的狀態，能否判別究係壽終正寢，抑或死於非命？

■這種事後的探究方式，江湖上稱做「事後諸葛亮」，沒有人願意做。我們因爲未曾實驗，故存疑。

仍舊那句老話——死亡的軌跡，在命理中不會顯現，這是「程式的不可能」。

□如果利用旁證，譬如推測本人的陽壽終於何時，從父母的子女宮、同胞的兄弟宮、配偶的夫妻宮和子女的父母宮這些相關宮位與星曜組合，甚至包括忌星牽引的方向，一併參酌，會不會顯露一些蛛絲馬跡？

■也許會，也許不會。

死亡既然是不可推算的，在命盤上找不到它棲止之處，是理所當然的；不過，在一些血親的命盤上，可能剛好出現一些情況，也就是所謂的蛛絲馬跡，我們能因此肯定那就是一種死亡的徵兆？答案不卜可知。

紫雲先生說：養兒防老以及養兒送終，是一種傳統倫理的觀念，爲人子女者成年之後，多多關心父母的健康和壽限，是很正常的事，從命盤加以推敲，並無不可。

卷十三

桃花與婚姻

命理設有桃花之星若干顆，並賦予一些主觀意識強烈的素質，它們的作用，古書裡寫得很明白；有些命書甚至於膨脹爲只有走桃花運，才可能結交異性朋友，進而成親。於是桃花的出現與否，便成了結婚的必要條件。事實上那是一種錯誤的觀念。

依我們實驗，並無桃花這樣的星曜，若有，不過是學命者懶惰，毫無選擇地套用江湖術士慣用的神煞，最好刪去避免有人望星生義，造成認知上的困擾。由於普受傳統祿命觀影響甚深，這個部分討論起來，相當煩瑣。有人問：「討論婚姻的成敗若不用桃花，該用哪些？」答案是祿與忌。

83. 何時成家要怎麼推算？

□何時成家，該看哪些星的牽引——紅鸞天喜或者天姚咸池？

■哪顆星都不看。

一個人該在何時結婚，是一種可憑自由意志加以選擇的事，對於這類事項，命理向來不會也不必提供答案——嚴格地說，根本沒有答案。命理最多是在婚前設計一個美滿家庭的藍圖，建議嫁娶怎樣的對象，才符合個人夫妻宮的性質，比較能夠鶼鰈情深，永浴愛河。這些事項跟鸞喜姚池是否照耀，沒有瓜葛。

從另一個角度說，婚期不是獨立事件，更非婚姻討論的主要訴求，而是居於附屬的地位。換句話說，婚期總在對象決定之後出現，但是對象的尋覓與決定，在命中並非循著固定的路線前進，並非時間到了，「較好的一半」(the better half) 便會自然現身。因此同一生辰的諸人，不會同一時間找到理想的伴侶，同時踏上紅毯。所以結婚的時間與走到怎樣的運程，沒有直接的關係，也與見不見鸞喜姚池沒有直接的關係。

□未婚男女必然關心他們的婚期，那麼婚期究竟該如何判斷？

■陽男陰女順行到福德宮，陰男陽女逆行到夫妻宮，這段期間，就是一般所謂的適婚時期。但是坦白說，婚期是無法把握的，也就是從命盤上無法掌握運行的軌跡，故不能確切地預測，最多只能概括地觀察。

我們把結婚的過程換成數學公式，發現是這樣的：

我＋配偶＝婚姻（婚期）。

公式中的「我」，當然是沒什麼問題的，任何人只要有結婚的念頭就可以，可是「配偶」就不是那麼簡單了，因為配偶的時間出現是極其不規則的，在數學中等於x（變數），只要x繼續存在，就不會出現答案。此理甚明。遺憾的是，我們曾經多次與一些命理專家抬槓，抬得面紅耳赤，不歡而散。

算命先生在論斷「妳應在廿七歲那年結婚」之前，須先肯定這個女孩已經找到了理想的對象，或者肯定她在婚期來臨之前，必然找到對象，否則便是瞎猜。

□如果X出現了，換句話說，X已經變成A了，那麼，從命盤上是否可以發現一些蹤跡？

■這要分兩個階段來說，其一是，觀察往後行運中，大限或流年夫妻宮是否被祿忌牽動？因爲夫妻宮內的動象，多半暗示另一次的擇偶，特別是化祿切入，說不定還會有人追求或去追求別人，產生這山望那山高的迷惑。

其二是：從此可以考慮攜手並進，踏上紅毯的那端，此時只要考慮在哪種年分成親，才是「好的開始」。

□假設上述情形出現，該如何處理，才可望圓滿解決？

■當然是判斷——盡可能理智地判斷。

許多婚姻失敗肇於當事人欠缺判別是非的能力（優柔寡斷），分不清孰是孰非，也有不少人是害怕再做選擇，只好得過且過，斷送了終身幸福。

□就擇偶的觀點來看，夫妻宮的作用是啥？

八字也好，斗數也好，夫妻宮設置的目的不是預測何時結婚，也非論斷將來會嫁娶到怎樣的對象，而是替每個人規劃未來的對象，協助找到「較好的一半」。千萬記住：英文字the better half 指的只是較好的一半，而非最好的，因爲你永遠不知道誰是最好的，以及找到的是否最好的，配偶的條件不錯，兩情相悅，婚姻成功的機率就高，否則光在婚期吉凶上面著眼，將配偶的良窳置若罔聞，那是本末倒置的做法，不足爲訓。

二

□一個人會在何時走桃花運，看得出嗎？

■如果把桃花看成情慾的發洩，那麼這種事因有個別差異的存在（並非人人都作此想），很難歸納出一個準則。

譬如某甲走到某運的時候，喜歡喝酒跳舞泡妞，嚴格地說，此事只是他個己的基本心性被物慾蒙蔽，而跟他的命理結構無關——必須同一生辰的人此時都迷戀花酒，才能肯定與命理有關。

□走桃花運，究竟是吉是凶？

■理論上說，是凶，因爲桃花是一種凶神惡煞。

每種祿命式幾乎都記載了桃花及其作用，其中又以八字最多也最五花八門，像咸池、遍地桃花、野桃花、紅豔煞、孤鸞寡鵠煞，眞是琳瑯滿目，美不勝收。八字的古典名著《**三命通會**》上說，桃花者，「其神主奸邪鄙，如生旺，則美容儀、耽酒色，疏財好歡，破家財，惟務貪寅；如死絕，落魄不檢，言行狡詐，游蕩賭博，忘恩失信，私濫奸寅，靡所不爲。」

值得好此道者警惕。

對未婚之人來說，走桃花運，異性緣厚，可望發展爲親蜜關係；對已婚之人來說，桃花運等於煞神蒞臨家門，一場風波恐怕免不了。

□一個人會不會走，或有沒有走桃花運，該從何處觀察？

■傳統的說法相當簡單，觀察一下大限或流年命宮是否照到鸞喜姚池一類的桃花即知；一般而言，只要照到一顆，肯定走桃花運。我們不排桃花星，目的是避免望星生義，作先入爲主的認定。

據我們觀察，大限或流年的夫妻宮受到大限或流年的祿忌牽引，就有桃花的現象出現，情況有下列三種：

第一，大限的祿星進入大限的夫妻宮，主十年桃花。

第二，流年的祿星進入流年的夫妻宮，主一年桃花。

第三，祿星從事業宮或福德宮、遷移等方照入，也算。

三種現象中，自以第一種效果最佳，醞釀時間最久，肯定造成作用；第二種較次，第三種更次。不管哪一種，都是世俗所說的「走桃花運」，詩情畫意的說法是「情竇已開」，不斷有人追求，也會主動去愛慕一個人。

桃花出現的時間有長有短，最理想的是大限，涵蓋了十年的時空；最不濟事的是流年，只有一年，必須好好把握，否則電光石火，一閃即失，空留惆悵而已。有些人連續三個運碰到祿星入限，則走了三十年的桃花運，眞會驚天地而泣鬼神。

□桃花運可能連帶地帶來婚姻，能不能看出怎樣的桃花運才會開花結果？

■恐怕很難，因爲這種事因人而異，很難歸納出一個準則。

大體而言，桃花雖然容易帶來婚訊，可是婚姻本質上是一種選擇，不但可以挑選配偶，選擇婚期，而且還可以選擇做個只談戀愛、不結婚的「單身貴族」。

□許多人在婚後常喟嘆遇人不淑，如果能夠預知對象的好壞，這個世界豈非沒有怨偶？

■對象是良是窳的問題，判別起來，十分棘手，因爲牽涉到心性、道德情操等內在問題，恐怕無法僅憑一兩種命理現象予以概括。

此外，婚姻的好壞在於和諧不和諧，故龍配龍、鳳配鳳，而不在於品格是否高尚，品行德業是否跟孔老夫子平起平作。

下列諸象，只是一些私人經驗，可議處仍多，故僅作參考而已。

㈠大限夫妻宮被大限的化忌星牽引，這十年遇到的對象，無論條件、品德或是教育程度，均不算理想。

㈡流年夫妻宮被流年的化忌星侵入，情況如第一項所述。

㈢相反的，大限夫妻宮被大限的化祿星牽引，十年內出現的對象，無論人品、資質或者外在條件，多半不錯，甚合我意。

㈣流年夫妻宮被流年祿星照耀，如第三項所述。

□婚期雖然不是可以期待的，如何從斗數命盤上預測哪種年分結婚，才是佳期？

■婚期若是可推，那麼同一生辰的人，必然同年同月同日吹吹打打，送入洞房，這個世界就沒有什麼「羅漢脚」或「單身貴族」了，而雙胞胎也必然同一天成親；這種主張恐怕很難取得共信。

所謂的「婚期」，在邏輯上必須滿足一個先決條件——「配偶的確定」（理想對象出現，並且兩情相悅）；否則再吉祥如意的婚期，都像浮雲那樣虛無飄渺。配偶的出現，在數學上只是個變數（x），必須等到成爲常數（A）的時候，才能談論結婚或婚期。依此而論，從運勢轉移的軌跡找尋婚期的定點，根本是不可能的；算命最好也別動輒替人預定婚期。

84.對象已定，如何挑選吉時良辰？

□已經找到理想的一半，挑選一個比較吉祥的年分，攜手走向紅毯的那一端，此舉有無迷信的意味？

■此事可以做，也可以不做，在許多人的眼裡，擇吉造課，不過是一種風俗習慣，與是否迷信無關。

就命理而言，在流年化祿星照耀流年或大限夫妻宮的年分小登科，表示婚姻生活有了一個「美好的開始」，討一分吉祥，何樂不爲。舉個例說，巨門在巳亥二宮，辛未年巨門化祿，在流年夫妻宮內，這就是吉祥如意的年分，不妨多加利用。相反的，流年化忌星侵入流年夫妻宮的年分，則是「壞的開始」，能緩則緩。譬如巳亥時生人，文昌就在巳亥二宮，辛未年文昌化忌，應該避開。

下列幾種情形比較特殊，特別提出討論。

第一，祿忌分別進夫妻宮。譬如巨門文昌同在巳宮，辛年巨門化祿、文昌化忌，同在一宮，

在這種年分**結婚，顯然吉凶參半**。

第二，流年化祿星進入流年夫妻宮，但化忌星卻進入大限夫妻宮。

第三，流年化祿星進入大限夫妻宮，但化忌星卻進入流年夫妻宮。

婚姻是兩個人的事，最好兩張命盤同時提出研討，比較客觀。此時，命盤上可能出現一人主吉，另一人卻凶的局面，該如何調適，才能兩全其美？答案是「犧牲一人」；不然再等一年看看。

按：從前的習慣是犧牲女命，這點可從傳統的婚課看出端倪。

許久以來，這個部分都交給「選吉」（擇日）負責，就是我們所熟知的「造婚課」，每一本通書都會告訴閣下哪個月分才是吉時良辰。

□「殺破狼加煞」的人適遲婚，依據的是哪些理由？

■「加煞」的煞若是超個三個，將更眞實。

依據的理當然是經驗，有二：

第一，該組合的命，無論男女，衝力十足，企圖心與使命感均強，心願未了之前，最好別受制於婚姻。

第二，殺破狼一輩子波動，通常要到很晚的時候（三十五歲左右，這只是個估計），才逐漸穩定，在此之前，婚姻極易成爲包袱。

□雖「殺破狼加煞」，可是在適婚年齡中成家者，爲數不少，爲什麼有此例外？

■類此組合多主晚發，也就是三十幾以後才會逐漸穩定，進而籌組家庭，延續後代。可是三十歲之前就穩定的，大有人在，因爲事情總有例外，何況什麼時候成家，是個人可憑自由意志加以選擇的事。

這種人所以急著成家，多半基於兩個因素：

(一)第三運（順行到福德宮，逆行到夫妻宮）的化祿星感應了大限夫妻宮，理想對象適時現身。

(二)一切條件俱足，包括感情成熟、父母抱孫心切（唯事業未成），仍會奏起結婚進行曲。

□應該遲婚的人卻早婚，有什麼利弊？

■利是多了個伴侶，人生路途不再踽踽獨行；弊則不勝枚舉。

「殺破狼加煞」的本質既主晚發，多數人在此時顚沛流離，艱辛度日，事業起起伏伏，動盪難安，怎麼有資格成家？許多人遲至四十才奮鬥成功，回首前塵，發現元配實在不怎麼樣，於是斷然否定一同打天下、吃苦耐勞的伴侶，此時大約會出現兩種鏡頭。

(一)富易妻（女性則「貴易夫」）。

(二)娶妾。

這些現象有人甚至釀人間悲劇，值得符合該項條件的未婚朋友細思。

□「機月同梁」或「紫府廉武相」適於在適婚年齡中成家，理由安在？

這兩種結構的人先天本質比較穩定，踏入社會之後，變數不大，所以適合在適婚年齡成親。譬如當老師或在市政府當差，端的是鐵飯碗，日後更換職業的機率很低，只要對象出現，愛什麼時候結婚，就什麼時候結婚。

85.不結婚是否有命理因素？

□出家人割斷情緣，是否因爲夫妻宮殘破的關係？

■出家其實應該是事業選擇，而非婚姻選擇。僧侶六根清淨，從事該項事業的人禁止攜家帶眷，目的在於斷愛，並絕塵緣，因此剃度之後，未婚者不可結婚，已婚者要與配偶割捨，雖然有些人確因婚姻不幸，或經歷刻骨銘心的愛戀才選擇木魚青燈，寂寞向黃昏。過去的人總以爲出家是因爲夫妻宮出了問題，或者找不到結婚對象，只好逃避現實，才遁入空門，那些情況並非沒有，卻非健康的觀念，近年來已有大幅的改善了。

□《**醒世姻緣**》這本章回小說指出，「大仇未報，結爲夫妻」，就命理而言，是否如此？

■類此之事，從命理結構無法探測，只好存疑。最近發現，所有的血緣關係，無一不受因果律支配。依照佛教的說法，這些類果報係多屬「異熟」（這是佛教唯識論的專門術語，意指不同的因緣產生不同的果報），每個人都存有各種因，助緣來到，因緣聚合，一部分就促成了配偶關係。

□有些女性雖不排斥婚姻，可是青春蹉跎，芳華虛度，難道她們始終走不到能牽引夫妻宮的大限？

■有些人是完全沒有機會，有些人個性保守，不敢表達他的意願，但更多的人則是「自我實現」的能力較差所致。

從斗數命盤看，化祿和化忌進入大限的夫妻宮，都會引動感情，帶來婚訊，其中仍有一些差異，化祿星的牽引，遇到的多半是心所嚮往的、條件不錯的白馬王子，只要兩情相悅，立刻挑個吉時良辰，踏上紅毯的那一端。化忌星剛好相反，遇到的可能是一些阿狗阿貓。化忌會干擾了思緒，影響正常的抉擇能力，此時千萬不能一見鍾情，然後閃電結婚，否則可能鑄成千古恨。有人懼怕遇人不淑，毀了一生，在寧缺勿濫的情況下，只得等待，企盼下一個運程趕快到來。有的人不幸連續走了兩個壞運，只好任它青春蹉跎。前三運完全不受祿忌引動，也經常見到，這些人若想成家，恐怕還要勞動親朋好友的幫忙，從相親著手。

86.桃花代表什麼？

□斗數列有一些桃花星，給習命者使用，不過這類星曜究竟哪些才貨眞價實的，自古以來不是沒有爭議，理論上說應以何者爲確？

■古籍所載的桃花星共有兩種，一種是《**清朝木刻陳希夷紫微斗數全集**》和《**清朝補輯陳希夷紫微斗數全書**》所列的兩顆主星貪狼、廉貞；一種是眞正的桃花星，包括了紅鸞、天喜、天姚、咸池。

八字的桃花概取四正時（子午卯酉），又稱沐浴，以日支對照其他三支，寅午戌見卯，申子辰見酉，巳酉丑見午，亥卯未見子，就是桃花，主愛慾、淫慾、色難之事。斗數的咸池源自八字，取法與八字沒有兩樣。

桃花星無不具有強烈而主觀的價值判斷，以爲一個招蜂引蝶、外遇頻仍、見色忘義，必與它有關。其實，桃花無一不是神煞——一種江湖術士論命慣用的算命語言。斗數對桃花這類神煞的負面作用，描述不如八字多，八字典籍《**三命通會**》卷三，連篇累牘，堪稱一部神煞大觀。

□紅鸞、天喜與天姚、咸池雖然性質略同，其間有什麼差別？

■鸞喜姚都是斗數特有的神煞，咸池則爲八字所獨有，斗數明目張膽侵佔入己，似乎沒有什麼道理。這些神煞的內涵其實概指相同的事：感情、愛情、遐思、畸戀和色慾。不過，其間仍有分別，一般認爲，鸞喜屬於正桃花，未婚者遇到，必有婚喜，已婚者則有外遇（婚外情）的可能。天姚和咸池列爲外桃花，或稱野桃花，多主聲色犬馬和浪漫情懷等愛慾，傾向於肉體的需求，層次較低。咸池在八字中又名「敗神」和「桃花煞」，含有奸邪淫鄙，沈眈酒色的意義。

紫雲先生說，斗數桃花的性質並不侷限於情慾，遺憾的是近人多作情慾論，讀書不求甚解，當然要會錯意。

□外遇與桃花有什麼關係？

■應該沒有關係，否則依照邏輯法則，同一生辰的諸人，都將毫不例外地演出一齣轟轟烈烈的「婚外情」，弄得家家戶戶雞飛狗跳。

傳統的算命先生對外遇保持相當高度的興趣，甚至以爲婚姻研究的重心，乃在於有無外遇以及何時外遇兩事上，這種心態，自是令人遺憾。我們認爲，一個已婚者邂逅異性，進而交往，發生兩情繾綣的畸戀，往往不是歲運走到桃花星（不管哪一顆）的位置（命宮、夫妻宮）所致。嚴格地講，那只是個人的意願，如果缺乏意願，最多算是單戀，外遇的火花是迸不起來的。

依「共盤只能推算共性」的原則，假若外遇是可以經由命理軌跡予以推測，那麼同樣生辰的諸人都將在同一時日外遇（或紅杏出牆），這種命理主張，簡直會要人老命。我們不排桃花星，當然也不用，希望習命者也不用，以免望星生義，誤入歧途。

紫雲先生說，不用桃花星，乃是不明白這些星曜的賦性所致。鸞喜池除了情慾外，尚有其他作用。外遇的造成，涉及人的部分包括：㈠命盤與行運的缺失；㈡個人心態及環境因素有了強烈的感受，但家庭與婚姻的因素也不能忽略；㈢社會環境，譬如聲色犬馬場所普遍存在。

因此他認為，外遇並非不能推算，只是需要考慮的條件特別多而已。「有行為的事實，必有命理軌跡可尋」是個定律；但是「有命理因素，不一定會有行為的事實」，瞭解這種道理，很多問題將可迎刃而解。

□命中見鸞喜姚池超過兩個，遭到外遇的機率相對提高，有這種說法嗎？

■統計學認為達到一個相當的程度，譬如十個裡面有六、七個符合，就肯定該事價值，邏輯學不會這樣馬虎，如果不能肯定兩者之間確有因果的關係，就不能把桃花當做外遇的一個條件。

有人指出，桃花充其量只是外遇的充分條件，也就是桃花外遇中所扮演的角色只是配角——偶爾要會照桃花，偶爾不必會照，而且不是每場戲都會出現的主角——每次會照桃花，都會發生外遇，就不能做如此的推論。

□據說，影視歌紅星命中見桃花越多，成名越易，蓋桃花氣質越顯，就越可能成爲大衆情人，想不紅都不行。此說是否眞實？

■演藝界擅長塑造「萬人迷」的現代英雄，這些英雄已不必再像古代的項羽、李廣、薛仁貴、狄青他們，須有力能扛鼎的體魄和百步穿楊的本領，萬里出擊，南征北討，攻城掠陣，然後馬革裹屍，死而後已。他們只要經常在傳播媒體，尤其電視上露臉，展現特有的群衆魅力，即可一夜成名，家喻戶曉。

這種人受到大衆的喜愛，首重姿色，故桃花綻放，天眞浪漫，必然廣受歡迎，功成名就指日可待，因此桃花星的多寡，就成爲竄紅的一個標準。也許有此一說，可是不一定能證明什麼，蓋走紅影視歌界，除了桃花盛開，爭奇鬥豔之外，若無「兩步七」（兩把刷子），充其量只是一顆彗星，在燦爛耀眼的星空中，一閃即失。有些女明星魅態十足，看來是天生的，譬如一個姓喬的和一個姓鄧的演員，那種嗲裡嗲氣的風韻和儀態，必與命理結構無關，

己巳 田宅宮	天機 庚午 事業宮	紫微 破軍 天鉞 辛未 合夥宮	地劫 壬申 遷移宮
太陽忌 戊辰 福德宮	女命一九五四甲午年十月×日酉時		天府 紅鸞 癸酉 疾厄宮
武曲 七殺 擎羊 天喜 咸池 丁卯 父母宮			太陰 火星 天姚 甲戌 財帛宮
天同 天梁 地空 丙寅 命宮	天相 左輔 右弼 文曲 文昌 陀羅 天魁 丁丑 兄弟宮	巨門 鈴星 丙子 夫妻宮	廉貞祿 貪狼 乙亥 36-45 子女宮

「機月同梁」的結構是公認的適宜在安定中求進步，這個命若說有什麼特殊的地方，不外乎下列兩項：

㈠不見一顆吉星。

㈡丁丑大限是弱命走強運。

所以早年成名，衆星拱月，有命理方面的軌跡可尋。

由於未能照入傳統算命先生愛用的桃花星，那麼這種電影紅星是否散發桃花氣質，婀娜多姿，傾倒衆生，好像就有點問題了。

而與她們個人的遺傳、成長環境有關。

□這是電影明星林青霞小姐的命盤，命宮在寅，同梁坐守，四顆桃花只照一顆（天姚），她豔麗與魅力，都是有目共睹的，是否與該桃花所散發的氣質有密切的關係？

■也許有關，也許無關。就邏輯而言，這顆桃花對她的豔麗與魅力，叫做「充分條件」，而非「必要條件」——照入桃花只是漂亮迷人，並成為電影明星其中一個因素，而非唯一的因素。我們必須肯定同一生辰的女生都像林小姐那樣豔麗迷人，才能證實與桃花星有關，而且是「必要條件」。

從財帛宮照入的這顆天姚，屬於野桃花，一般認定，這種人理應風姿招展、風流多情、風塵味極濃，事實上她頗潔身自愛，極少鬧出花邊新聞，看來姚池之類，不如書中所述的和想像中所認為的那麼邪門。

□有人認為，昌曲也有桃花的性質，譬如楊貴妃就因為「三合昌曲」，才讓唐明星「從此君王不早朝」。此說是否可信？

■顯然可信。

我們不用桃花星，並不等於否定任何桃花氣質的存在，從經驗中獲知，昌曲二星本質十分羅曼蒂克，其中之一照命，就會洋溢著一股特有的文學藝術的氣質，讓人傾倒。如果不把桃花的涵義侷限在男歡女愛、靈與肉方面的滿足，那麼昌曲之成爲桃花星，是很自然的事。

□古之中外的娛樂界向有兒戲婚姻的習性，該習性是否也跟桃花衆多有關？

■演藝人員台上演戲，演技純熟，風度翩翩，傾倒衆生，下戲後，有些人把戲裡那套搬到眞實生活中，以爲台上台下，同樣的人生，婚姻自然很難維繫。

由於缺乏統計資料，我們也不知其間的關係究竟多麼密切。但是把兒戲婚姻的責任全推給桃花星，似不公道。

87. 命盤上如何推敲男女交往情形？

□從命盤上應該可以推敲男女交友的情形，不過使用的方法不盡相同，似乎有點八仙過海，各顯神通的亂象，究竟該用何宮斟酌，才是正確？

■斗數設有夫妻宮，專門考量婚姻的得失或婚前交友的情形，自應觀察該宮的消長。斗數的宮位均非獨立於他宮，此時夫妻宮的三方諸宮包括福德、事業和遷移，一併納入，才不致掛萬漏一。

□夫妻宮有三種（本命、大限、流年），究以何者為準？

■異性交往，是行運所遇所見，當以歲運的夫妻宮為準。一般而言，大限是十年的基礎，而婚姻的成敗又是潛移默化的、長期累計的，故推論婚姻成敗當以大限為準則，流年用來判斷這個過程中到底會留下什麼雪泥鴻爪。

□為什麼有人說交友情形要看遷移宮？

■出門後偶遇之人，屬於不特定的對象，必須利用遷移宮來考量。兩個人認識後進一步交往，有了感情，提升為情侶，從此進入夫妻宮，根據夫妻宮的星群組合，配合流年的祿忌牽引，即可瞭解在此限此年結交的異性朋友，是得是失。

□這個甲辰年女命大學唸企管，目前在一家私人建設公司上班，並無特別要好的男友，她的家人已經開始著急了。有個問題，第二步大限（癸酉）的結構尚稱不錯，爲什麼還嫁不出去？

■許多人以爲嫁人與唸書升級一樣，時間到了，自然而然升了一級；也與當兵一樣，年紀已屆，兵役科寄來一信，立刻提著簡單的包袱上路。結婚是有步驟的，首先，須有成親的念頭，再來是找到對象，然後才能決定何時披嫁衣裳。這些步驟，循序漸進，不能躐等。

此限的夫妻宮在未，宮與星均旺，祿忌又來引動，是個動運，處在動運中，積極進取，選擇配偶也是自動自發，若有知心男友，就會提出結婚的要求。

不過，能否結婚，端視下列二事而定：

第一，認識的對象必須是理想的、兩情相悅的，但是這種對象的出現，在命理中屬於不可預知。

第二，即使遇到理想的對象，也不一定非結婚不可，蓋結不結婚是可以選擇的——以哪種方式做爲婚姻的結局。

□一九八五年也就是二十二歲那年，她認識了一個男孩，從命盤上能否判斷那個男孩是否爲理想對象，以及那次的感情是否開花結果？

■命理無法判斷一個人是不是理想對象，因爲所有的判斷無一不是主觀的，我認爲是你卻認爲非的；何況「情人眼裡出西施」，不必陷命理於不義。若眞的想要探知，應該取出該男孩的命盤，仔細推敲，而不應從另外一個人的命盤。

第二個問題的答案是：此年相識，到了翌年，這段戀情可能就化爲一縷輕煙了。

□如何看出的？

■此年的感情世界，將做以下的推敲。

㈠流年命宮（在丑，天府及天魁、陀羅諸星坐守），這代表她自己。

㈡妻宮在亥，內有武破，這代表她所認識的對象。

天府靜靜坐在那裡，破軍則有大限化出來的祿（癸酉大限破軍化祿）加被，祿星具有穩定的作用，見祿則感情穩定，情投意合，可以繼續交往，靜觀其變。

可是到了翌年，情況忽然有了變化，命理因素是：

㈠丙寅年廉貞化忌沖破初識之年的宮（丑）和夫妻宮（亥），原來保有的那份純純的愛，至此已遭破壞。

㈡乙丑年的命宮遇到太多的忌星，造成整個結構晃動、不安，連帶引起思緒上的變化。感

<table>
<tr>
<td>天相 文昌 左輔
己巳 疾厄宮</td>
<td>天梁 地空
庚午 財帛宮</td>
<td>廉貞祿 七殺 火星 天鉞
辛未 子女宮</td>
<td>壬申 夫妻宮</td>
</tr>
<tr>
<td>巨門 地劫
戊辰 遷移宮</td>
<td colspan="2" rowspan="2">女命
一九六四
甲辰年二月×日巳時</td>
<td>文曲 右弼
癸酉 16-25 兄弟宮</td>
</tr>
<tr>
<td>紫微 貪狼 鈴星 擎羊
丁卯 合夥宮</td>
<td>天同
甲戌 命宮</td>
</tr>
<tr>
<td>天機 太陰
丙寅 事業宮</td>
<td>天府 陀羅 天魁
丁丑 田宅宮</td>
<td>太陽忌
丙子 福德宮</td>
<td>武曲 破軍
乙亥 父母宮</td>
</tr>
</table>

先天命宮與夫妻宮還算穩定，唯命宮略強於夫妻宮，依傳統的觀點，註定奪夫權，現代的看法，則仍須配合丈夫的命盤，並非千遍一律。癸酉大限夫妻宮在未，破軍化祿和貪狼化忌分別照入，是個動運，不但自己心動，而且也會招引別人心動，如果兩情相悅，就會來電，進而攜手共組小家庭。

就命理而言，壬申大限才是她的良緣運，蓋天梁化祿，在夫妻宮內坐守，此限所遇的異性，才是佳偶。

情之事最怕遭變，變則破碎。這些忌星包括：

①貪狼忌（大限所化）會照乙丑流年夫妻宮。

②乙丑年太陰化忌，與本命的太陽忌，雙雙夾制了此年的命宮。

因而判斷她們在此年各奔西東，甜甜蜜蜜的愛於是化做一縷相思情。

□看不看得出是誰主動點燃「愛的火花」？

■誰也不點燃，是別人幫她們點燃的。

流年命宮及其三方均未牽引（破軍祿只是大限祿），所以是個寂靜之年，靜年不等於無法認識異性，可是若想認識，進而締交，則須外力的介入，也就是別人的巧安排。我們猜想，她們可能是在校友會、同鄉會、生日舞會之類的場合碰面，氣味相投，展開了一次只開花不結果的愛情。

□能推測那個男生現在結了婚沒有嗎？

■你老兄八成把斗數當做神仙之術，也把在下本人我當做李鐵拐之類不世出的人物，否則怎麼會問這種超乎常理問題？

不過，算你幸運，此問可以得到答案。該男孩可能在一九八八年結婚——這個答案必須能夠驗證，也就是知道他是否在戊辰年成家，否則等於猜謎遊戲。

□經過那次短暫的戀情之後，她頗爲沮喪，韜光養晦了一段時日後，終於又在一九八八年邂逅一個男孩。依命盤運轉的軌跡判斷，這次的戀愛，該不會又是一次「無言的結局」吧？

■恐怕仍是凶多吉少。

此年是癸酉大限最後一年，流年夫妻宮在寅，機陰坐守，戊辰年天機化忌，侵入該宮，破壞了兩人的感情，照理說是對不上眼的，許多習命者看到這種景象，無不鐵口斷說：「吹啦吹啦，不吹，我輸你一桌酒席。」看到忌星進入夫妻宮就肯定吹啦，如果賭眞的，保證會輸得賣田賣厝。

那個男生，八成是一九六一年次生人，這種年次的人對她有利，對她盡情呵護，使她覺得他是個不錯的男孩，所以值得繼續交往。

但是天機化忌進入流年夫妻宮畢竟不祥，遇到的對象不會好到那裡去，勉強結合，也不算完美。就婚姻的終極目標而言，這是一個「壞的開始」，因此我們預料，她不久就會發現對方的缺點，然後絕裾而去。

□不錯，她們交往了前後三年，才在庚午年黯然分手，拖了三年的命理因素是什麼？

■認識那年，忌入夫妻宮，對象的條件、品性、學經歷多半不如我，但此事往往不是三兩天或者三兩個月可以探知底細的。

有些人想瞧瞧命理軌跡中是否透露此一訊息，希望藉著「命中註定」來自我安慰，表示此事之敗，純屬「非戰之罪」。若是如此，答案除了上述之外，就是那個男孩也覺得他們兩人並不相配，趕緊懸崖勒馬，另謀他途，另外又交了女友。

□小姐的適當婚期，該在何時？

■無疑的，要到壬申大限，出現的姻緣才是理想的。

此限天梁化祿，在夫妻宮內呈祥，往後十年認識的男孩，較能接近自己的理想，結婚的可能性也大爲提高。經驗法則認爲，夫妻宮見祿，吉力增強，遇到的不再是那些蹩腳貨色。

88.他們會白首偕老嗎？

□大部分討論婚姻成敗的人幾乎都只憑著一個八字或一個命盤，就洩漏了這種不太容易被預測的天機，這究竟是怎麼回事？

■婚姻是兩造的事，不能也不宜只研判其中一命的得失，就得出一個結論，然後建議別人接受。這樣的推論，不管理由多麼充分，依據的賦文多麼古老，必然通不過嚴格的考驗和檢證。

□不幸的是，幾乎所有的古文、古賦都是依據單一的八字或命盤統計，並進行議論，在這種狀況之下，結論也好，運用的技術也好，經不起檢證，乃是必然的，可是爲什麼明知故犯？

■古賦中某些祿命主張和推算技術隨便瞧一眼，立刻斷定是錯誤的、荒謬的，譬如夫妻宮「廉貞加煞」，結論是主「三度作新郎」，後代習命者把它當做春風吹驢耳即可；有些理由一部分對、一部分錯，譬如夫妻宮見忌，婚姻肯定無法到頭，屬於「理由不充足」，補足之後，仍然可用。

婚姻得失的探討，經驗法則指出，「當一個人與其他的人有關時，必須輸入此人的條件，才能討論。」輸入配偶的資料是必要的手段，否則便牴觸了該法則。欠缺輸入的手續，下列三事就會覺得迷惑：

㈠第二次婚姻爲什麼比第一次完美或不完美？

㈡生辰相同，推論其中一人婚姻失敗，豈非等於肯定其餘諸人也無法擁有美好姻緣？

㈢雙胞胎無論遺傳或者成長環境，幾乎相同，但其中一人離異、一人卻愛情永固，原因究竟是啥？

□這個男孩有個不錯的對象，業經雙方家長同意，預定今年（一九九一）年底或明年初（均指陰曆而言），吹吹打打，送入洞房，他們在約定結婚之前，曾去算命，算命先生告誡說，這是一個凶配，勉強結婚，生離死別，必不能免；小倆口聽後，臉都綠了。這到底是實話實說，抑或危言聳聽？

■這種事可視爲「都是算命惹的禍」，自然也是一種「迷信公害」——不算沒事，算了反而麻煩紛至沓來。

有個問題先打聽一下，該算命先生究竟只根據一個命，或者將雙方命盤仔細推敲之後，才下此定論？

□這就不知道了。可是，又有什麼分別呢？

■當然有所分別；不但有了分別，而且極大。

㈠如果僅據一個命盤，那麼生辰相同的人將無一倖免。

㈡如果兩命對照後，發此豪語，他的推測技術顯然不夠純熟，人生經驗顯然還有瑕疵，不夠資格執業。

衆所周知，目前坊間一些算命先生替人推算窮通禍福，多半只據一個八字程式或一張斗數命盤，就洩盡了各種人事天機，其實這類「共盤」所能討論的項目不多，像婚姻這種事必須兩造比對的案例，只好束手。算命先生危言聳聽，一般人不明就裡，嚇得膽顫心驚，花錢買罪受，實在冤枉。

□該術士大概看到夫妻宮被一干煞忌侵襲，便肯定這輩子無好姻緣，若不離婚，必然剋死元配，毫無轉寰的餘地，恐佈極了，事實是否如此？

■也許就是如此。不過，仍然要通得過先前強調的那三件事的考驗，才算厲害：

第一，是否生離，須視娶到誰而定。

第二，離婚一事，無法光憑命盤加以推測或斷言。

第三，死別非命理所能推算，這是「程式的不可能」。

我們確信，只要違背了上述任何一項，推斷便屬無效。既然無效，爲什麼還要相信？不是

巨門 天鉞 乙巳 兄弟宮	廉貞 天相 丙午 命宮	天梁祿 左輔 右弼 丁未 父母宮	七殺 戊申 22-31 福德宮
貪狼 甲辰 夫妻宮	男命 一九六二 壬寅年四月×日亥時		天同 己酉 田宅宮
太陰 文曲 天魁 癸卯 子女宮			武曲忌 陀羅 地刼 庚戌 事業宮
紫微 天府 鈴星 壬寅 財帛宮	天機 癸丑 疾厄宮	破軍 擎羊 火星 地空 壬子 遷移宮	太陽 文昌 辛亥 合夥宮

此命夫妻宮在辰，是「殺破狼加煞」的星群組合，理論上說他必須娶到「殺破狼」的對象，不然也要「紫府廉武相」的女孩才算「相契」；相反的，匹配「機月同梁」或「巨日」的組合，就不算什麼良緣了。

因爲夫妻宮見諸煞的關係，暗示太太的事業企圖心旺盛，且有晚發的傾向，最好能等她事業有成，才娶進門；不然也要容許她在婚後繼續做她的事業。如果只想娶回當個賢妻良母，做個全職的家庭主婦，那麼婚後可能發生的問題就會紛至沓來。

太陰忌 火星 辛巳 遷移宮	貪狼 右弼 地刼 壬午 疾厄宮	天同 巨門 癸未 財帛宮	武曲 天相 左輔 天鉞 甲申 子女宮
廉貞 天府 擎羊 地空 庚辰 合夥宮	女命 一九六五 乙巳年五月×日未時		太陽 天梁 乙酉 夫妻宮
文昌 己卯 事業宮			七殺 鈴星 丙戌 兄弟宮
破軍 陀羅 戊寅 田宅宮	己丑 25-34 福德宮	紫微 天魁 戊子 父母宮	天機祿 文曲 丁亥 命宮

此命略弱，一是「機月同梁」的組合，二是三方並未見到什麼煞星（火星一顆而已），因此可以預見婚後只是一個稱職的家職主婦；她本身自然也嚮往安定的家居生活。如果嫁給等因奉此的上班族，無疑的才是良緣；嫁給那個壬寅年（廉相坐命）的男孩子則非。蓋兩者的距離略大，不易互補。

此外，己丑大限文曲化忌，進入大限的夫妻宮，破壞擇偶的正常心理，較好的另一半不易現身——現身的多是鴉鴉烏，此時千萬不能意氣用事，否則失敗的機率甚高。

更奇怪嗎？

□假設兩人順利結成夫婦，他們相配嗎？

■此事可以討論。

㈠就男命而言，夫妻宮及其三方諸宮的星群組合，最好與女命的命宮及其三方諸宮的星群組合類同，例如這位仁兄是「殺破狼」，那麼對象的命宮最好也是「殺破狼」，才算天衣無縫。

㈡就女命而言，夫妻宮及其三方諸宮的星群組合，最好與男命的命宮及其三方諸宮的星群組合類同，例如她的夫妻宮是「機月同梁」，那麼希望配偶也是「機月同梁」，才算適格適性，永浴愛河。

□夫妻宮星群組合的同與不同，有什麼缺點？

■我們把這樣的情況叫做「相契」或「不相契」。

所謂「相契」，就是無論個性、生活習慣、思考方式、處世待人方法和人生觀，兩人都略爲接近，符合古人所說的「知性，可以同居也」(此處的「同居」僅指同在一個屋簷下)。

「不相契」的情況，剛好相反。

理想的姻緣，首要條件就是「相契」，缺此，婚姻難保和諧到老。

□小倆口既然「不相契」，照理說「天涯何處無芳草」，各奔前程可也，可是感情的事往往是超乎常理的，有朝一日，可能毅然決然踏上紅毯，如此一來，眞的會肇致像生離死別這樣的不幸嗎？

■事實上，「不相契」只是離婚諸多因素之一，而非唯一的因素。在邏輯上這屬於「充分條件」，而非「必要條件」——離婚的兩造命盤多爲不相契，可是不相契卻不離婚的個案仍然很多。至於會不會生離（離婚），此事還牽涉其他的因素，無法一概而論（請參考後面〈離婚的條件〉一文），也無法從單一的命盤加以討論。死別（剋死），則完全幫不上忙，因爲這是「程式的不可能」。

89.嫁娶對象是否早經註定？

□就擇偶的觀點看，命盤上的夫妻宮究竟作哪種用途？

■此宮的涵義衆說紛云，莫衷一是。依我們的淺見，應該包括下列三項：

㈠考察一個人對婚姻持著怎樣的觀點。

㈡希望擁有什麼樣的對象和婚姻生活。

㈢隱約發現婚姻基礎是否穩定，會不會禁不起行運的風吹草動。

□那麼，從合婚的立場看，這位老哥娶到這位老姊，各具備了什麼優點和缺點？

■除了不相契之外，還有一些屬於傳統命理所強調的「刑剋」，（暗中傷害或殘傷），這要分別從男女雙方各自的角度，加以探索：

㈠從男方的角度看：

①這個男命娶到那個女命之後，沒什麼重大的優缺點顯現，感情可望維持在一定的程度之內；女方對公婆的照顧，尚算周全，與妯娌相處，尚算圓滿。

②唯一的缺點就是，子息緣分比較淡薄（此處僅概略性地說，而非命理眞的能討論子息

緣分)。

(二)從女方的角度看：

①這個女命嫁給那個男命之後，婚姻鞏固，後天行運中偶遇風吹草動，無法撼動。除此之外，婚後無論就業，抑或自行創業，丈夫都能助一臂之力。

②唯一的缺點與男命同，子息緣薄也。

從這些分析看出，最大的障礙都在子女一事上，難免有些憾事發生，例如生不出子女（這個部分須再考量祖代遺傳）、只生男或只生女、獨子女（生一子或一女之後就不再生）、子女日後與父母感情不佳，不克奉養（如赴外地工作或常留國外）。

□既然如此，爲什麼還不算佳偶？

■「相契」與「刑剋」雖是兩個主要因素，但份量略有差別，前者較重，約佔七成，後者較輕，佔三成不到，前者通不過，結合後麻煩必多。

人生必苦（Man was born to suffer.），只要志向、生活習慣不致相差太大，一些生命歷程中的遺憾，多半不會計較。相對而言，就因有太多的無可奈何的事，所以與相知的人長相廝守，往往成爲每個人執著的目標了。

□那麼他應該娶哪種類型女孩，才算適合？

■最好與夫妻宮的星曜組合相同，就是「殺破狼」的型態。如果找不到，則跟他一樣的「紫府廉武相」也可。

其實，星群組合只有四種，閉著眼睛隨便碰，都碰得到。

□這步大限適合成家嗎？

■戊申大限貪狼化祿，進入先天夫妻宮，結婚念頭極強，只要對象出現，經濟情況許可，多半會成家。這個貪狼祿所在地就是財帛宮，進財順利，不虞匱乏。

□此命三方見到煞忌不少，晚婚較吉，可是造化偏作弄人，在第三步大限初期就出現婚訊，這也許是發生婚變的主因之一。

■其實這個命造當孤剋，因爲「六煞全彰」（六顆煞星悉數進命），這些煞星也幾乎進入夫妻宮內（鈴星除外）。

還有一個原因是，紫府朝垣，輔弼不見，典型的「孤君」，也暗示性格一些缺憾和親情方面的淡薄。

這種人的生命周期起伏頗大，一輩子波動，往往要奮鬥到很晚（三十幾歲以後）的時候，才逐漸穩定，此時也才會想到籌組家庭，養兒育女，過著正常的生活。因爲姻緣來得較早，對象提前出現，但這絕非正常的現象。

婚姻是一種選擇，不但可以選擇對象，也可以選擇何時踏上紅毯，因此我們建議他從長計議。

□因爲工作的關係，才認識了現在的女友（他們是同事），這有沒有什麼關係？

■沒什麼關係。知道哪年進入公司嗎？

□一九八七年。當時只是認識，尙無感情糾葛？

■若是這樣，我們可以斷定他們一開始就相互仰慕，留有美好的印象，套句成語，就是「一見鍾情」。只不過當時還不敢公開表露愛意，原因是啥，無法確認，例如環境陌生，或者對方還有其他追求者或固定的男友。眞正交往，疑是三年後的庚午年。當春雨潤澤，感情的蓓蕾一夕綻放，立刻七彩繽紛，構成一幅十分美妙的花團錦簇的景象。他們終於各自認定，對方就是夢寐中可以終身廝守的伴侶。

不過，庚午年時，這位仁兄好像有了情敵，你知道此事嗎？

□不太淸楚。

■那就算了。因爲有第三者追求，他老兄恐怕夜長夢多，於是提出結婚的要求。

□從另一個方向說，是否到了眞正的婚期，對象才會出現？

■老實說，這種事問誰，答案都是一句話：「不知道。」

□命定的婚期未到，是否所有的努力都將付諸東流？

■這種問題一定得不到答案。

下列兩件事始終困擾著我們，希望大家共同來找答案：

(一)一個人該在何時結婚，才是適當？

（譬如鐵板神數就肯定指出閣下廿八歲成親、妻少三歲、育二子一女、屬龍的長子將來飛黃騰達，光耀門楣。）

(二)每個人的對象，是否就是他們必須結合的人。

（鐵板神數不但指出結婚對象的年歲，甚至把姓氏都標示出來，像「一字記之曰李，姻緣早定」。）

90. 婚姻成敗該如何判斷？

□據說，夫妻宮的星曜太剛烈或者太柔弱，不是不足，就是太過，婚姻註定失敗，是否有此一說以及爲何有此一說？

■有此一說，而且幾乎可以成爲定論。但「婚姻有敗」這個詞句宜改爲「婚姻較易遭受干擾或挫折」，語氣緩和一點，以便適用更寬廣的範圍。

過猶不及，均有違中庸之道，向爲中國傳統祿命術所排斥。

影響婚姻成敗的因素很多，最重要的一個就是「配偶條件」，所佔份量最大，其次是斟酌夫妻宮組合是否適當，太剛或太弱，均非佳構。

□什麼情況之下，才算太剛烈？

■這個宮位理論上是以夫妻宮爲準，但推論時仍須命宮的配合。

㈠星曜（包括外在三方）超過四顆（五顆以上）。例如廉破在卯酉，三方四正的星辰高達七顆；武破在亥，三方四正加起來也是七顆，這些情形都是太剛。

㈡煞星在四顆以上，並形成特別格局如吉格「鈴陀」或惡格「鈴昌陀武」。

㈢構成多種特別格局，例如「君臣慶會」外，尚有「火羊」或「鈴昌陀武」。

□什麼狀況之下，才算太柔弱？

■基本上這是對照太剛烈而來的，包括下列三種狀況：

㈠宮無主星。

㈡三方諸宮的主星加起來少於四顆。

㈢該宮正好成爲「羊陀夾忌」敗局，例如巨日在寅，甲年生人。

太弱的缺點是難以自處，婚姻前途，危機四伏，一旦發生婚姻事故，這種人通常會走極端，以「玉石俱毀」終結，有著強烈的「寧爲玉碎，不願瓦全」的悲劇性格，而且十分明顯。

□化忌在夫妻宮，是否註定離婚或這輩子將無好姻緣？

■不一定，否則必是宿命論者。

忌星進入的宮位所象徵的事項，通常也是此生中最棘手、最難以處理的事項。由於婚姻的成敗還牽涉配偶個別的條件，因此忌星在夫妻宮的破壞作用，是有其限度的，也是因人而異的（相對的，而非絕對的）。

經驗法則認爲，忌星進入夫妻宮，在配偶選擇時誤失的機率較高，是個事實，但也是較高而已，並非鐵定誤失。

太陽 癸巳 32-41 田宅宮	破軍 擎羊 甲午 事業宮	天機 乙未 合夥宮	紫微 天府 鈴星 丙申 遷移宮
武曲 陀羅 壬辰 福德宮	男命 一九五六（丙申）年十一月×日戌時		太陰 地劫 天鉞 丁酉 疾厄宮
天同祿 辛卯 父母宮			貪狼 戊戌 財帛宮
七殺 左輔 文曲 庚寅 命宮	天梁 地空 辛丑 兄弟宮	廉貞忌 天相 右弼 文昌 火星 庚子 夫妻宮	巨門 天魁 己亥 子女宮

先天夫妻宮的結構再好，都有人離婚；相對的，再破的結構也有人固若金湯，關鍵在哪？答案是配偶。但任何一個婚姻的成敗，若不輸入配偶的條件，一概認爲結果沒有分別，這才是宿命論，爲智者所不取。

但是夫妻宮先天照入煞忌過多，顯示基礎不穩，在行運中（婚姻狀態中）容易受到環境的沖激，發生變異，則是事實，因此這種結構的人要比一般人更小心翼翼來維護他的婚姻，也是事實。如果忽視它，婚姻的毀壞，將是易如反掌。跟走那種運程的關係只是間接的。

□忌星侵入夫妻宮，是否暗示本人是個婚姻失敗主義者？

■命理絕無此說。

□譬如前面這個丙申年男命，夫妻宮煞忌糾纏，任何人均可清楚看出，婚姻變異，遲早而已，這難道不是命中註定嗎？

■若是命中註定，則同一生辰的人，都將肇致不幸，這種推論絕對通不過邏輯的考驗。就夫妻宮而言，這些組合都很強烈，多少造成一些影響：

㈠紫府朝垣，右弼照會，「君臣慶會」成格。

㈡煞星四顆，其中火鈴與羊陀均交互成格。

㈢「鈴昌陀武」惡格形成。

㈣忌星居中。

剛者，太過也，太過則易折易碎，婚姻結構猛然一瞧，就令人替他捏了一把冷汗。星曜會影響一個人的思緒和表達方式，他老兄的婚姻想要跟一般人一樣維持祥和，就得多付出一點心力。

□這種人該如何婚配，才能趨吉避凶？

■就命理而言，只要把握一些原則，即可無咎。

㈠娶到「紫府廉武相」星群組合的女性，兩性「相契」，等於成功了一半。

㈡娶到「殺破狼」組合的女性，亦吉，也算成功了一半。

㈢娶到「機月同梁」或「巨日」格的女性，由於「不相契」，將增加婚姻的動盪。

還有一些屬於「刑剋」的問題，所佔比例較低，暫時不必考慮。此外，遲婚也會幫上一點忙。

□能保證一定會找到相契的對象嗎？

■這種事連恐怕連玉皇大帝親自出馬，都不敢下保單。

□如此一來，一切理想豈非等於虛構的烏托邦？

■千萬別弄擰了命理功能——命理絕非預設一個狀況，屆時自然應驗。命理最多是做一點評估的工作，或者盡可能預畫一個藍圖，供選擇或決定時參考。購買彩券無不希望中獎，但並非人人都能中獎一樣，這方面還要一些機緣。

□他在壬辰大限的甲子年成家，此年廉貞化祿自坐，照入大限的命宮，一幅喜氣洋洋的景觀，可是己巳年（一九八九）年卻意外仳離，從此你過你陽關道，我走我的獨木橋。離婚的命理因素之一，是否與結婚之年的忌星太陽到了己巳那年剛好撞見有關？

■有關，但也無關。

離婚從命盤上很難掌握它的軌跡，因此說與太陽化忌有關，並無不對。

了無按語：特地提供一個千金難買秘訣，結婚之年的忌星在往後的流年中遭遇，也會造成一些破壞，應特別留神。

知道他的太太的生肖嗎？

□好像是己亥，或是庚子。

■看來己亥的成份較大。果眞如此，離婚的原因是這個老哥認爲他娶到對象並非佳偶，暗地裡扼腕捶胸之後，決定各奔前程。因此提出離婚的一方，八成是男的。

□與這步大限走到貪狼化忌、破軍化祿的牽引，是否有關？

■當然有關。

此命是「殺破狼加煞」組合，類此之命，多有晚發的傾向，在步履維艱的奮鬥過程中，最好別有婚姻的問題讓他牽腸掛肚，否則不但無法幸福美滿，反而變成包袱。壬辰大限中成婚，這是一個「壞的開始」，蓋武曲化忌，引爆了夫妻宮的「鈴昌陀武」惡格，婚姻首當其衝，埋下了後來丟盔曳甲的惡因。

□爲什麼選在己巳年離婚？

■命理對於緣分已盡的夫妻該選在哪種年分離異，並不關心，也不會勉強去推算。

這類得以選擇之事，命理多半會尊重當事人的意願或決定。所以爲什麼會選在己巳年而不選別的年分，我們完全推不出。

□有些斗數專家指出，夫妻宮會照忌星，表示此生欠缺良緣，此說是否可信？

■剛才說過，有點這方面的惡性誘導，但不是全部。

先天夫妻宮遭忌（坐忌或會忌），暗示此生最弱的一環必在婚姻。

大限夫妻宮見忌，則十年內諸事不吉，未婚者難以尋覓到理想的對象，也就是不易碰到理想的對象；已婚者的婚姻狀態受到衝擊，婚姻生活略感煩躁，嚴重的話，還會出現裂痕。

91. 離婚算得出來嗎？

□有些夫妻從結婚第二年就吵得不可開交，眼看就要離婚，我們能夠依據他們的命盤，看出何時得以分飛嗎？

■在現代命理嚴格的規範下，離婚屬於不可推算。

□婚姻這個部分在命盤上，不是可以選擇的嗎？

■其實婚姻只能選擇一半，就是婚前擇偶、挑選哪年成親，一旦結婚，配偶成了血親（子女的血親），便無法推算。

□如果不生孩子，成不了血親，豈非可以推算？

■血親不可推算是象徵說法，也只是其中一種限制，離婚的限制尚有不少，不宜把其中一項當做唯一的因素。

□離婚在不可推算的範疇之內，甚至包括事前預測和事後研究，所持的理由是什麼？

■一個人要不要離婚，似乎可憑一己的意志，加以決定。不過，在東方的國家，婚姻的結合與分離，當受諸多外來的因素所左右，不是完全可以自我主張。稍微統計一下，這類因素至少有下列這幾項：

㈠配偶的意願。

㈡雙方家庭或家族的意願。

㈢子女監護權的行使。

㈣兩人個別的社會地位。

㈤女方（或弱方）的生存權。

㈥宗教思想的掣肘。

㈦宗教信仰，例如天主教徒不可離婚。

㈧某種政治禁忌，身分地位越高，離婚就越會帶來後患。

………

………

在歐美一些女權高張的國家，想當總統、總理以及胸懷大志的人，最好別輕易離婚，否則「道德有了瑕疵」這頂帽子，立刻罩下，永遠不能翻身，台灣近來也有群起效尤的傾向，值得男人注意。

□輸入各種相關的條件後，可以尋出蛛絲馬跡嗎？

■仍然不能。離婚的原因是多因的，而非單因的。有時候覺得奇怪，條件既然俱足，當然可以「協議離婚」，兩人只要在離婚證書上簽字，即可生效，爲什麼還要尋算命先生或命理學者開心？

□如果勉強推算離婚事件，將違反了什麼規則？

■影響婚姻離合的因素很多，在比例上，必然超過命理條件（做爲因素，命理只是單操一個），故推算離不離婚，將違背「當外在因素強於或大於命理因素時，不宜僅憑命理一個因素，貿然推論」這一條普遍定律。

□即使如此，爲什麼算命先生動輒批斷某人必然離婚、何時離婚，他們難道不知道該斷言缺乏學理的依據嗎？

■何以必須斷言，我們當然不得而知。也許問題就發生在傳承上，一千年來，中國祿命術的嬗遞，在師傳徒、徒傳徒子徒孫的過程中，只有權威的運作，而沒有眞理的顯現，他們本就缺乏客觀推論以及認知的精神，從前的人怎麼說，現在照樣說，絲毫沒有懷疑的能力。

□現代社會無論思想觀念或是求知精神，均非昔比，婚姻自主權擴大，也非老祖母她們那個時代所能想像，要不要離婚，當事人自己多半可以做主，那麼從命盤還看出吉凶嗎？

■條件俱足，當然可以。

不過，是否完全憑藉個人的自由意志，仍值得懷疑，因爲人畢竟是環境的產物，不能完全無視於社會與環境的作用。

92. 美滿姻緣如何推算配偶？

□這個辛丑女命，專科學校畢業不久，旋即與男友踏上紅毯，六年後的今天，卻爲離婚事件鬧得滿城風雨，一些算命先生預測她今年（一九九一）可望順利離異，此說是否爲眞？

■要不要離婚，牽涉的問題很多，均非命理所能掌握，已如前文所述。她必須能夠排除那些困難，才能奢談其他。

有個同道對那些固執的求助者一概鄭重表示：「要離婚，請找律師；不離婚而想尋出問題的癥結，找我。」我們常想，命理能夠給人的幫助，應該是有條件的，婚姻案例中必須當事人試圖挽回軍心，命理才能給他們一些忠告，否則各說各話，再多的努力，都是枉然。就推測經驗而言，婚姻涉及了兩個人，單從一方的命盤剖析，絕不可能圓滿。

過去遇到的case多半是婚姻前途亮起紅燈，希望找出關鍵所在，加以改善，努力挽回幸福於既倒。現在多是預測何時才能順利分手，以便再尋第二春。眞是此一時、彼一時也。

□她所以急著離婚的原因，判斷得出嗎？

■從單方面的命盤很難很難，除非被論者主動提出，例如配偶演出婚外情、不堪同居的虐待、

天同 火星 癸巳 夫妻宮	武曲 天府 天鉞 地劫 甲午 兄弟宮	太陽 太陰忌 乙未 命宮	貪狼 陀羅 丙申 父母宮
破軍 左輔 地空 壬辰 子女宮	女命 一九六一 辛丑年一月×日未時		天機祿 巨門 丁酉 24-33 福德宮
文昌 辛卯 財帛宮			紫微 天相 右弼 擎羊 鈴星 戊戌 田宅宮
廉貞 天魁 庚寅 疾厄宮	辛丑 遷移宮	七殺 庚子 合夥宮	天梁 文曲 己亥 事業宮

姻緣來得早，有時候不是好事，反而可能惹出許多是非或感情糾紛。婚姻的無奈是因爲擇偶和決定終身的時候，都涉世未深，故鑄成錯誤的機率十分高。

丙申大限，廉貞化忌照入大限夫妻，此情可能帶來婚訊，忌星破壞多於建設，良偶未現，何況十四到二十三歲之間，是求學時期，如果早於十八歲（高中的時代），就談戀愛談得死去活來，必然荒廢課業，無法繼續接受高等教育，不但成爲人生的一大憾事，而且感情問題也會層出不窮。

個性不合無法共同生活……等等，想盡快脫離苦海。

理論上說，這類結構的女人比較嚮往安定的、安逸的生活方式，因此婚後多半會辭去工作，做個專職的家庭主婦，當然也希望丈夫的作息時間相同，可以同進同出。如果所適非人，作息背道而馳，婚姻就會立刻觸礁。

知道丈夫的生辰嗎？

□是她的學長，大她一歲。

■若是如此，離婚必是女方提出。

理由可能是個性不合——兩人的星群組合相去甚遠。只怪當年少不更事，未能充分考慮婚後將面臨什麼樣的難題。

但這只是遠因，導火線是庚午年丈夫有了外遇。

□在這種狀況之下，離得成嗎？

■若不再考慮其他相關的因素，婚離得成，但不一定今年，而是明年（壬申）。

□她們有個女兒，據說子女監護權的問題始終無法擺平，離婚的事也就卡在那裡。她得到女兒的機率有多高？

■此事顯在不可推算的範疇之內——牽涉的問題仍然十分複雜，而且還須輸入條件（丈夫與女兒，缺一不可），有時候即使條件齊全，也不一定看得出什麼。

中華民國的法律基於傳統牢不可破的宗祧觀念，一旦訴諸於法，多半判給男方，除非男方聲明放棄。

□如果婚離成了，來日方長，未來能否嫁個比較理想，甚至比前夫更理想的對象？

■此事顯與命理無關，而與她的選擇有關，務必分辨清楚，不宜動不動就要交給命理處理。

不過，無論現在的丁酉抑或未來的戊戌，大限的夫妻宮都受到祿星加被，梅開二度的良機仍有。

至於以後的婚姻是否美滿，端視嫁給誰而定。

□從命盤上看，她的姻緣究在丙申、丁酉，抑或戊戌？

■理論上說是丙申。

理由是先天結構十分柔和，星曜相當安定，適合在適婚年齡中出閣，二十三歲之前，只要理想對象出現，即可嫁出去。

□丁酉和戊戌均有祿星入夫妻宮，兩個運中都遇到姻緣，是否因此而舉棋不定？有些算命先生還堅認註定兩次婚姻呢！

■行運中類以的情形，經常碰到，有些人天賦異稟，居然連走了四個這類的運，眞會讓人心猿意馬。

大限夫妻宮見祿，此去十年，異性緣佳，多有進一步交往或付出感情的情形，若是未婚，挑選其中一個，在適當的年分籌組家庭；若是已婚，則比較麻煩，因爲發生戀情，每釀成家庭糾紛或悲劇，此時必須導向事業——事業與夫妻對照——才能趨吉避凶。如果當事人不曾做過命理探討或者欠缺命理的概念，不知運程的內容，也許不會有這層顧慮。

□他如何判斷在哪個大限遇到的對象，才是「較好的一半」？

■無法判斷。所有的判斷都應以實驗做基礎，但命理的推算不能像自然學科實驗那樣，具有可重複性，弄錯了，重新再來。

擇偶就像摘麥穗，西方有個古老的故事極富啓示性，特地介紹給讀者欣賞。

有個人向全國最有智慧的人請教婚姻大事，智者正在麥田拔草，他要該年輕人去摘一串自認爲最大的麥穗，可是只能摘一次，而且不准回頭，結果年輕人竟空手而回。婚姻的結局不盡理想，不是摘到次等貨色，就是空手而回，這也許就是人生，眞是莫奈伊何。

中國有句古老的格言，是針對婚姻的得失而說的：「得之，我幸；不得，我命。」看來是貨眞價實的宿命論，可是誰敢說它說錯了？

理論上說，戊戌大限比丁酉大限吉祥，原因是戊戌的命宮或夫妻宮都只見祿而無忌，丁酉則是祿忌交替，故戌戌略勝一籌。

卷十四

論命的方法

記述古人論命的文章，在《清朝木刻陳希夷紫微斗數全集》裡，我們可以找到〈看命捷法〉、〈撮要六問斷〉、〈百字千金訣〉，以及〈三方加會格局〉這些。不過，那是以宋朝時代的社會環境與文化發展爲背景，統計出來的經驗，不一定合乎眼前的需要。現代人論命當然要符合現代的社會百態、政治因素與文化活動，否則豈非落伍。我們利用現代科學方法學，從可推算的部分切入，並劃分「基本分析」與「技術分析」，這些議論和推演，都是相當實際的。

我們也提出三個命例，供做實際論命的參考。一個是一般性的探討，也就是偏重於基本分析，雖然偶爾也用到技術分析；一個是純粹的技術分析，依例必須由被論者提供資訊；最後一個則是流年的討論，比較瑣碎，而且不易領會。

93. 論命需要哪些步驟？

□在論命方面，斗數可能需要哪些步驟？

■包括八字、斗數在內的所有命理程式的推算，都要分「基本分析」與「技術分析」兩個階段；這兩個階段完成，論命才算功德圓滿。

第一，分析整個結構的性質，例如星曜素質、格局大小、和架構優劣，以及具有什麼優缺點。這個部分只要生辰相同，都將適用，這就是「基本分析」。

第二，階段式的、條件式的解析各種問題，它最大的特色是必須適時輸入相關的條件或資訊，例如討論一個人婚姻的成敗，必須輸入配偶的條件和結婚年限；考察一家公司業績的成敗，必須輸入該公司成立的時間。這就是「技術分析」。

多數的習命者囿於命理知識不豐、推論理念不清，做到「基本分析」就嘎然而止，嚴格地說，這樣的論命，最多只做了一半，也就是在基本結構上大做文章，因此無法完全窺破命運的玄機。

□怎樣才能做好基本分析？

■有些習命者連最起碼的基本分析都做不好，更遑論技術分析了，所以基本分析是技術分析的墊脚石。目前台灣一般算命情形是，將各種狀況分析清楚，譬如單一星曜的性質、星群組合的作用、十二宮所代表的涵義、行運過程中吉凶分布的狀況，就端茶送客。

衆所周知，基本命盤是衆人共用的，故稱「共盤」，依照邏輯法則，共盤所能討論的項目，必屬於同一生辰諸人所共有，例如當我們指出「殺破狼加煞」(三顆以上)，性格猛烈，內心浮動，利於波動性行業（古籍「武職顯貴」的現代涵義），那麼這種結構的人，都將有類似的性質與現象表現出來。討論的範圍不管如何遼闊，詮釋的方法無論多麼細緻，畢竟都是共通的。

從基本分析中，我們可以獲得一個方法學上的鐵律：「共盤只能討論共性」，自然「不能討論特性」。目前一些斗數學者或執業術者只會分析共盤，其中不乏違反「共盤不能推論特性」的原則，大談屬於個人的一些獨立事項，只要瞭解其間的關係，就知道那是怎麼一回事。

□電腦算命曾經風靡台灣，造成極大的震撼，記得當年有人預言：算命先生將從此失業，流落街頭。但證之事實，發現預言根本不靈驗。電腦算命不如想像中那麼靈驗，其理安在？

■理由很簡單，電腦算命所推算的無一不是基本分析，因爲程式是死的，只要生辰相同，命與運便無二致，問題是：你認爲他們之間全無二致嗎？

電腦算命若是可信的，具有各種準確度的，那麼廟裡的籤也會有相同的準確性，不倒盡衆生的胃口者，幾希？當時我也預言說：「搞電腦算命的人必受破產的報應。」是否如響斯應，請知情的朋友打聽一下。該算命法還有一個致命傷，就是你永遠不可能問它問題，譬如想換個行業，今年換好還是明年換好？譬如想要成家，剛好有兩個理想對象，不分軒輊，究竟跟哪個攜手比較理想？保證得不到答案。

□這裡有兩個名詞，什麼叫「共性」？又什麼叫「特性」？

■共性：性質相同，只要出生時間相同，將無例外。

特性：獨立自主，具有明顯的個別差異性。

前者包括基本性格、生活習慣、思考方式、處理事情的手段以及物質慾望、享受的理念等等，同一生辰的人大同小異，八九不離十。舉個例說，「機月同梁」加吉，個性保守，安分守己、不越矩不躐等，典型的上班族。「陽梁昌祿」古書說它有「皇殿朝班之貴」，現代說法是可以接近權力核心，求學期間，諸事順利，還能成爲考試專家。後者包含的事項很多很雜，譬如六親無一不是特性，蓋每個人的父母必然不同，可是命盤上父母宮的星曜組合卻是一樣的。如果異想天開，試圖從命盤上捕捉六親興衰的軌跡，即令施出吃奶之力，仍屬枉然。

94.什麼是高級論命？

□技術分析用的仍是原來那張命盤，顯然還須附帶一些條件或資料，該條件或資料，大概是什麼？

■將共盤依個別的需要，輸入一些不同的條件，就是技術分析。

基本分析與技術分析最大的分際就是，後者加入了一些資料（條件），也就是輸入相關的資訊，只有靠這道手續，技術分析才能跟基本分析劃清界線。

由於可推算的部分實在不多，有點讓人洩氣，技術分析卻能賦於這些範疇各種變數，該變數堪稱千變萬化，目不暇給，若說現代命理有什麼特異功能，無疑的就是透過輸入法而豐富起來的技術分析。

□很久以來，排斥命理的人一有機會就提出一個邏輯「三段論法」，質疑命理析論的準確性與可信度：

(一)如果算命是可信的，那麼同一生辰的人將有同樣的命運。

(二)證之實際的人生，發現那根本是不可能的。

㈢所以，命理推算沒有準確性和可信度可言。

這個問題如果無法給予合理的解釋，所有的命理主張和推算結果，將無一能取信於人，不是嗎？

■合理的解釋當然是有的，而且也是必要的。

我們要鄭重指出，這個「三段論法」是錯誤的，因爲大前提不眞，也就是「同一生辰的人將有同樣的命運」一句，顯然有問題，將有問題（不眞）的敍述做爲大前提，這種結論，必然無效。

經驗法則指出，同樣生辰的人不會也不可能造就同樣命，理由是命理受到時間限制，根本達不到「一個時辰一個命運」的理想，質疑者欠缺命理的常識，才有這種似是實非觀念。正統的命理從來不會以爲中國祿命是天上神物，所有玄機，洩漏殆盡，何況是一個渺小的世人的命運；命理的功能不過是分析或探測一些事情的表面現象、狀況而已，絕對達不到巨細靡遺的地步。

推命過程當然用到一些準則，例如「凡是非自由意志所能決定或選擇的事項，不可推算」，這是界定命理程式的功用，防止它被無限制地誤用（意識膨脹）；再如「命理所構成的狀況(condition)，非必然發生，還須呼應」，這是修正「有其狀況，必然發生該狀況所象徵的事物」的傳統說法。這些準則建立在命理的設計原理和命盤的基本架構上，業已成爲一項普遍定律。

□假設有十個同樣生辰的人前來論命，結果應該相同，可是如此一來，第二人開始，豈非只要放錄音帶給他聽就拉倒？

■若是基本分析，結果當然相同，否則便違背邏輯推論的原則。

但別忘了我們還進一步作技術分析，依例由被論者提供個別條件，基於每個人在每個階段的需求不盡相同的理由，所得的結果，自然不同，所以不會完全一樣。

常被質問道：「兩個人生辰相同，該如何分辨命運的吉凶？」

我通常答「不必區分」。

「那麼論斷結果豈非相同？」不會的，因爲沒有兩個人的問題（需求）相同。

□有人認爲，這種作法純屬「見人說人話、見鬼說鬼話」的詭論，與江湖論命習慣衝突，不足效法。究竟何者爲是？

■相對條件的論命法本質上就是「見人說人話、見鬼說鬼話」，只有迷信命理可以鐵口直斷的人才會以爲自己就是神仙，在客人尚未開口之前，口吐玉音，洩漏各種天機。

醫生看病，「望聞問切」，無一可以省略，算命的目的在於診斷「患者」的整體結構和生命周期，比起純粹的生理症狀要複雜得多，爲什麼要排斥「條件輸入」？

時常碰到奇怪的鏡頭，對方要求討論事業運程，我問：「你現在做什麼行業？」「你就算看看我做的是哪一行。」我說我算不出來，因爲行業是可以選擇的，我怎麼知道你老兄會選哪一行。對方聽後，往往吃了一驚。江湖算命有一些我們無法瞭解的特殊心態，是對是錯，暫且不論；我們要強調的是，如果想作完整而且客觀的命理分析，輸入條件是必須的——主動提示一些必要的資訊是必須的。

□一般論命只能完成第一個階段，問題出在哪裡？

■可能與傳統的傳承習慣有關，師傅怎麼教，徒弟就怎麼學，然後徒弟再傳徒孫，一脈相傳，錯誤延續了至少一千年，沒有人認爲不對。此外，可能跟中國人治學不求甚解的學習態度有關：

㈠技術分析必須輸入有關的條件，這種方法不是每個人都會——肯定古人不會。

㈡配合技術分析所需的相關資料既多且雜，許多資料具有專業性，非一般人所能理解。

㈢技術分析在輸入條件的過程中，被論者（顧客）的配合極其重要，所有的條件都是被論者提供的，這與傳統的算命習慣相悖，不易獲得配合。

關於第二項所謂的專業知識，例如討論事業與財運程的消長。

算命先生如果從未參與、行銷、管理，究竟如何經營、行銷、管理，他自己都很模糊，還指望指導顧客趨吉避凶嗎？財物支配的情況亦同，許多人連股票、外匯和房地產投資都沒什麼概念，他又如何去協助別人理財？國中畢業到高二之間有學科方面的選擇，假若對國內的教育制度缺乏認識，他又如何在指導一個莘莘學子在五專和普通中學之間擇其一。

關於第三項，一千年來的江湖傳統是，算命先生此時要扮演地上神仙的角色，在舉手投足間，將對方平生事略，洩漏殆盡。

□傳統命理的學習，有哪些缺點？

■最少有下列三種：

第一，缺乏正確祿命法的理念，不瞭解祿命式的主要功能是什麼。

第二，以爲祿命式是天上神物，無所不能，只要你敢問，我就敢答。

第三，師門權威高於一切，誰都不能更改，即使明知是錯的。

在近代西洋方法學的照耀之下，那些缺點，暴露無遺。我們確信，土法煉鋼術早已不合時宜，必須勇敢揚棄，才可望修成正果。

95.她爲什麼是現代的巾幗女傑？

□這個女命的先天結構十分壯觀，有哪些過人之處？

■命局相當強勢，吉凶互見，是個複雜的命造。

㈠坐天府（南斗帝星）會紫微（北斗帝星），「紫府廉武相」的星群組合，三方宮位星旺，得以托財托官，被委以重任，甚至自己開創事業。

即使生爲女兒身，類此結構的人頗有男人之志——性格開朗、勇猛好勝，與人爭強，卻能獨當一面，並非纖細柔緻、風情萬種的時代女性，而是手能提、肩能挑的巾幗丈夫，如果環境與時機配合得宜，無疑的將是個女強人。

㈡經驗法則指出，凡見紫府，須照輔弼之一，始構成「君臣慶會」的大格，否則只是個「孤君」。遺憾的是八月生人輔弼不入申子辰宮，孤君無疑，性格上難免給人一種孤獨、孤剋、剛愎自用的觀感，親情緣分恐怕也不會太厚。這種人不喜妥協，略爲固執，慣於單打獨鬥，但適於獨自從事枯燥的學術研究。

㈢命中煞星多見（三顆以上），衝擊力強，勇於冒險犯難，耐力和韌性也夠，熬得住命運的

天梁 癸巳 合夥宮	七殺 天魁 甲午 遷移宮	火星 乙未 疾厄宮	廉貞 陀羅 地劫 丙申 財帛宮
紫微 天相 壬辰 事業宮	女命 一九六一 辛丑年八月×日酉時		丁酉 子女宮
天機 巨門（祿） 右弼 辛卯 田宅宮			破軍 擎羊 戊戌 夫妻宮
貪狼 天鉞 地空 庚寅 25-34 福德宮	太陽 太陰 文曲 文昌（忌） 辛丑 父母宮	武曲 天府 鈴星 庚子 命宮	天同 左輔 己亥 兄弟宮

這個命有成有敗，成是得以「威權出衆」，敗是個「孤君」；如果輔弼之一適時照入，成就必然非凡。俗話説，命星太旺的人，一生勞碌，女命則沒什麼好姻緣，並奪夫權。不過那只是一種論命意識的膨脹，因爲：

㈠勞不勞碌，只是主觀的認定；事實上這個世界絕無不勞而獲的榮華富貴。

㈡姻緣好壞，須視所嫁的對象而定。

㈢奪不奪夫權，也應該看他嫁給誰之後，才能決定。

摧殘。其中鈴星與陀羅會照，構成「鈴陀格」（兩煞碰撞，迸出火花），古籍譬此爲「威權出衆」，意即無論在哪種行業中，均能出類拔萃。

㈣有什麼缺點？財帛宮地劫坐守，不擅理財且有輕財之象，物質享受馬馬虎虎。地空具有高度的聯想、虛構與模仿潛能，若擁有一技之長，從事自由業、技術業之類的行業，成就相當高超。

□女性原則上沒什麼事業心，但此命可能擁有事業，應該如何選擇，才算適性？

■既然單打獨鬥是專長，當然要往這方面尋找出路；再來才是任職，公家或私人均可，但單純的行政仍不很適性。自行開創的話，從事技術服務業爲主，不但能充分發揮所學，興致較高，而且也能避免充分受到景氣的影響。生產業居次，如果生產兼販賣，更次，一般性的買賣業（販賣業）就不算適格了。

□此人學過中醫和針灸，準備懸壺濟世，往這條路走，適格嗎？

■結構大的人，可以發展較大的事業，有朝一日，時機成熟，開個診所或醫院，也有可能。不過做大事業和賺大錢一樣，還須運助，否則難以達成。一生中有多次改行或兼做其他的行業（如投資）的機會。不管做哪一行，仍不出自己的專長範圍，才能避免顛沛流離。除了原有的醫療專業技術之外，若兼有管理的才能（修過管理學），無疑的也會提升事業的品質，使個人的成就往前跨出一步。

□目前亟想跳出來開創，事業運程的吉凶狀況如何？

■後天行運略有起伏，未能走到較好的運程，是美中不足的地方。若是男命，大運逆行，戊戌、丁酉二十年，化祿護持事業，前途大有可爲。

從命盤運勢轉移的軌跡看出，整個運程中以辛卯和壬辰兩個大限的起落較大，最不容易有效控制。

㈠辛卯大限：巨門化祿在卯，自坐；文昌化忌從丑沖未，事業的穩定被干擾。

㈡壬辰大限：天梁化祿在巳，未會大限及其三方；武曲化忌在子，財帛宮被破。

在祿忌牽引之下，辛卯不利事業，壬辰不利財帛，未來的運程如此坎坷，對任何一個有點企圖心的人來說，都難免有「時不我予」之嘆。

目前的庚寅大限是個靜運，意思是整個命理環境是靜止的、安定的，沒有什麼重大事項發生，十年之內，「外甥打燈籠——照舊（舅）」，若想改變，甚至開創，而讓環境來襯托，顯然比較困難；即使動得起來，事業發展的速度，極其緩慢，不太可能一蹴可幾。

大限的化祿星是太陽，在丑，這是大限兄弟宮，照射合夥宮，可助人，但不宜合夥共事。

96.這步運程到底最佳還是最背？

□從前給人算過命，算命先生根據壬辰大限命宮紫相的組合，堅認那是一生最好的運程，可望開創事業，若已創業，則有意外的收穫；此說是否可信？

■我們的看法正好相反；這是一生中最背、最動盪不安的十年。推算行運得失不能只看星曜，還要斟酌大限的祿忌牽引。

此限走破財運，不利商賈，只要不經商，即使與人金錢來往，稍加留意，所受的傷害將減到最低。

財帛宮的忌（武曲）照入事業宮，連帶破壞了事業的穩定，事業受財波及，在所難免。天梁化祿在合夥人（酉宮）的財帛宮（巳宮），暗示自己做，無利可圖，要靠別人助我一臂之力了，故合夥比單打獨鬥為佳。

□如果延續辛卯大限的舊業，仍然兆凶嗎？

■若能延續前業，不但不凶，反而大吉大利。

□新業必破的命理因素，是否因為遷移宮見破軍？

■當然不是。

壬辰大限的新業必受武曲化忌牽引，想要賺錢，比登天還難。可是延續的行業不必受這顆忌星干擾，反有財源增強之勢。辛卯大限十年，安定中求進步，但這是「機月同梁」的結構，想要一飛沖天，比較困難。

□一九九○庚午年從事一項專門業務，能看出往後的成敗嗎？

■就流年而言，庚午年是平運中所見的平順年分，沒有什麼重大的事項被拱托出來，意味著在這年分進行一件新業，業績不會立刻很好，假如不急著回收，也許不太會有影響，如果立刻就要靠它賺錢買米下鍋，那麼就無法如願以償了。

若能緩上一年，也就是辛未年開始，情況將有一些改變，因爲辛未年巨門在流年財帛宮內化祿，財利較順。但是壬申年一九九二武曲化忌沖破事業宮，歲運的事業均遭到衝擊，是個極其不安的年分，不宜變動，否則越變越糟糕。

□這一兩年想參加國家考試，成敗如何？

■考試首重實力，若得運助，可望事半功倍。考試之年的事業最好能見流年化祿加被，讀到的章節大多出題，改卷老師也不太苛求；若遇忌星，情況正好相反。目前的庚寅大限對考試沒什麼助益，但也不會破壞，一切唯靠實力。

在流年方面，一九九四年以前，找不到哪一年對考試有助。三十五歲以後，丙子（一九九六）年和丁丑（一九九七）年是兩個極佳之年，不妨把握一下。問題是，那時候年歲已多，不知還有無興趣？

□這種類型對物質的需求，是否如同古籍所描述那樣，十分強烈？

■她們多半靠技術（勞力、腦力）賺取生活之資，錢財來源以薪水、工資、佣金爲主，可以致富，因爲財帛宮成格（從財帛宮的位置看，構成鈴貪、鈴陀兩格），但想要頃刻間致富，還須運助。

成格命的物慾總是高些，否則就缺乏致富的驅力了。

□最好的財運，約當何時？

■從大限運轉的軌跡看，15～24之間的辛丑大限，是一生所能遇到的最佳美的財運，蓋巨門化祿射入財宮，帶來財福，可惜當時年紀小，作用不大。以後的諸運都不走財運，也就是化祿星都不在財福任何一宮牽引，發財的美夢不易成眞。

□有人說，雖然年紀小，既然走財運，生活必然不錯，此說確否？

■不全然正確。因爲小孩子附翼在父母之下，能否受到妥善照顧，還須輸入父母的條件，不是自己走了好運，親屬（特別是尊親屬）也跟著好。

97.這種人做警探是否適格？

□我目前在中部某縣警局擔任警官之職，最近忽然想辦理資遣，改行經商，不知是否適性適時？警職與從商相較，何者的成就較大？

■在結構上，此命有下列這些性質：

㈠「殺破狼」的星群組合原本主動，由於未能照入煞星，特別是火鈴，因此只是個穩定性極強的人。

㈡天府在遷移宮坐守，形成「天府朝垣」，右弼照射，入「君臣慶會」大格，富有領導統御的潛能，從公可望進入權力的核心，一般人則每成爲社會中堅、國家棟樑。

從㈠㈡看出，這只是一個文職顯貴而非富甲一方的命，從警從商，均非適格。目前的職務不算適性，是因爲本性與警察性格衝突，即使從商，也會因爲過分柔弱，競爭力疲軟，難以適應爾虞我詐的商場習性，勉強投入，吃虧很大。

勉強比較警職畢竟比從商有利。

警察本質屬武，對文靜性格的人來說，自不適性，因此只能擔任該種職類中的文職人員，譬如督察、一般行政人員、警校的教官。

□如果刻意從商，各種大限財運、事業的強弱狀況如何？

■這個命一生中並未走強旺的運限，所謂旺限，約指大限化祿星進入大限的三方諸宮而言，又以事業和財帛爲準。初學者應可看出，從戊辰（初限）到乙亥（73～82）的八個後天運程中，只有戊辰大限貪狼化祿在財帛宮，走的是財運，惜乎當時年紀小，財運對他沒有實質的意義。

次級的吉運是辛未，巨門化祿在遷移宮，鳴聲在外，人際關係不錯，古書說：「化祿遷移位，發財於遠郡」；甲戌限的化祿星自坐，穩定和自信性相當強，是個好運，可惜時間已晚。雖然未能走到旺運，卻也未曾遭受什麼重大災害的侵襲，每步大限都是平和、穩當，大約只有壬申大限由於武曲化忌從遷移宮射入，在工作與人際關係上略見困擾外，其餘諸限，西線無戰事，可以做到退休。

□繼續擔任警職，官運的得失又如何？能否預知哪年會陞遷抑或調職？

■由於未能走到較好事業運，因此在警界任職，不易突然建立奇功，被破格陞遷，這是比較吃虧的地方。不過，先天結構沒有什麼挫敗星曜會照，不太會遭致重大過失，被調貶或改敍。一九九五乙亥年，歲與運的事業均受祿忌牽引，此年**異動的微兆**，相當強烈，其餘諸

天機 己巳 父母宮	紫微 庚午 福德宮	天鉞 地劫 辛未 33-42 田宅宮	破軍 壬申 事業宮
七殺 戊辰 命宮	男命 一九五四年11月×日申時 甲午		火星 癸酉 合夥宮
太陽忌 天梁 擎羊 地空 丁卯 兄弟宮			廉貞祿 天府 甲戌 遷移宮
武曲 天相 文昌 左輔 丙寅 夫妻宮	天同 巨門 天魁 陀羅 丁丑 子女宮	貪狼 文曲 右弼 丙子 財帛宮	太陰 鈴星 乙亥 疾厄宮

做爲必須出生入死與歹徒格鬥的警察而言，「殺破狼」的組合好像還滿適性的；其實命中不見煞星，或只見一二，必然欠缺那份殺氣或霸氣，不易讓凶神惡煞懾服，也就不能勝任警察這種特殊的工作；最多只能做做內勤，正如缺乏煞星的人做不好外科醫生一樣。這點相當重要，卻往往被人忽略。

如果轉業，該怎麼轉才是適當？答案有二：

一是穩定安逸的行業。

一是繼續幹警察，但調內勤。

年想動，不會容易成事。

壬申十年是一生中最背的運程，其間調整職務，多半會調到不同性質的單位或擔任不同性質的職務，而且越調越差，因爲「昌貪」惡格被武曲化忌引動。

□警職與從政（行政機構），何者的成就較大？

■警察人員的命盤上最好見幾顆煞星——三顆以上並構成特別格局如火貪、鈴貪、火羊之類最吉，可望建立彪炳功勳。此命六煞遁形，做人民的保母，顯然比較無法勝任，故宜改敍，轉往一般行政機構，不然只能一輩子做內勤，難以在槍林彈雨中，拋頭顱灑熱血，在打擊犯罪中出頭。

□警職之中，外勤（刑警）與內勤（行政）何者較能發揮所長？

■自是內勤，由於缺之煞星加被，外勤工作難以適應。若說斗數眞有所謂的「福星」，對軍警憲來說，一二煞星無疑的就是他們的福星。

□如果我斥資開一家貿易公司，但由妻弟負責經營，是否可行？

■自己無法勝任，另請高明，靠別人成事，將是一條出路。

一旦由別人經營，有如汽車司機換了別人，前途是吉是凶，應從司機兄的命運加以推敲，閣下只是乘客，不必分析什麼命運。大限在未，合夥人在子，三方不見一顆祿星；相反的，文昌化忌從寅射申，這個申正是此人的財帛宮，顯示在四十二歲之前，別人掌全權的合夥事業，可能賺不到什麼錢。

由妻弟或自己的弟弟負責，情況並無不同（最好再輸入妻的條件）。

□假若從商，何種方向、種類、型態的行業最爲適性？到國外經商宜否？

■穩定性較強的行業最爲適格，以目前台灣的行業型態而言，文市（門市）穩定性較強，故超級市場、食品店、書店、咖啡屋均可積極參與。若擁有專業技術（此命因爲無煞，不易學到專門技術，此指普通技術而言），則可以兼做半成品生產或買賣。

在台灣這種地方做生意，已經很勉強了，何況人生地不熟的外國。

□一些投機事業如股票、黃金、期貨、房地產……，可以接觸嗎？

■缺乏煞星衝擊的人，自然也缺乏冒險犯難勇氣，投機行業，患得患失的心理太強，「賺得到吃不到」，最好別輕易嘗試。

若非做不可，只能從長期投資著手，並作長遠性打算。

□先天結構中，在申宮的破軍屬弱，但有化權在焉，可視爲旺，此論對否？該宮羊陀、空劫夾，作何意義？

■廟旺利陷的界定由於缺乏客觀事實的依據，我們棄之不用，以免迷惑；四化也只用化祿和忌，代表一事的正負兩種價值，而不用化權和化科。

破軍在此宮是相當穩定的，因爲它的三方（子寅辰）見到的助星都只吉而無凶；當然，此宮相當孤立，因爲酉未二宮無星給以拱托，力和勁均嫌不足。

理論上說，羊陀空劫是夾不到申宮的，蓋四化可以外借，六吉六煞卻不能；退一步說，即使夾得，其夾制力也比夾寅時要小得多。

□財帛宮貪狼未逢火鈴，有何吉凶誘導？

■財帛宮被用來考察享福的方式和理財的手段，有吉無煞，吃好穿好，能吃能睡，但不擅理財（方式略嫌保守），缺乏冒險犯難的精神，所以不會橫發資財。俗話說得好，「人無橫財不富」，這也是生意人發大財的一個大障礙。

若見火鈴成格，將主橫發；否則只能積富——靠節儉儲蓄，達到小康之家。

□遷移宮爲天府廉貞以及廉貞化祿，可否解釋爲適合與人合夥做生意？兄僕線（兄弟宮、奴僕宮）煞星聚集，又構成火羊局，則是否顯示不宜與人合夥？

■遷移宮的作用是考量人際關係（人緣）的成敗，有時候還可觀察出外闖蕩是否得利，而非合夥的得失，不宜混淆。祿星在外，依照古籍「化祿遷移位，發財於遠郡」的經驗，出外奔波將比留在故鄉死守有利多多，何況祖基（先天田宅宮）無主星，又會到一干煞忌，祖基無靠，只好離鄉背井，自求多福。

此命甚爲溫文，吃一輩子頭路，努力奉公，適當時機，可望陞遷，若想意外獲財，當然只有托別人之福了。忌星在別人的宮中（太陽忌在卯，這是合夥人的外出宮位，也算沖破該宮），對合夥事業存有戒心，不易坦誠相見，恐怕也是死路一條。

98.威權出衆有什麼實際的效果?

□行運中的運勢消長，頗難掌握，例如辛未大限命宮無星，三方煞星聚集，但也構成羊鈴、陀鈴、火羊幾個特殊格局，加上權祿會照，究屬強運或弱運?

■這要分兩方面來說，一是命局結構（三方組合），一是外在環境（社會環境）。

(一)因爲欠缺主星，當屬弱宮弱運，十年當中，缺乏主見和主觀判斷力，極易隨波逐流，聽信別人的甜言密語。

(二)外面的社會非常複雜，但是努力衝刺，仍可闖出名堂，蓋火羊、火鈴均主「威權出衆」，巨門化祿引動吉格，會在短期間內崢嶸頭角。

□文昌化忌沖先天事業宮，又被羊陀空劫夾制，此主何義?祿星在遷移宮，又是何義?遷移宮似旺，如何運用才算有利?

■先天宮位屬於本質，象徵人體內部專司機構，在這步大限事業被干擾，內心充滿一股莫名的衝動、不安的情緒，凡事常存五日京兆，隨時隨地想要改變行業。干擾的若是財帛宮，則會胡亂投資，且會胡亂花錢。

巨門祿不可能折射進入財帛宮，否則天下準會大亂。我們不用權星，故太陽化權在財帛宮究係何義，不清楚也。

遷移宮爲外出之宮，又稱人際關係之宮，此宮被祿星感應，顯示這方面的事項，極其吉祥如意。

□壬申十年（43~52），戌宮有廉貞祿星（先天所化），牽引財宮，但忌星武曲（大限所化）卻沖擊先天事業宮，如此祿忌交替，究竟何義？

■壬申的財帛宮在辰，對宮是戌，戌有先天祿星，因爲未再化祿，此限的財福二宮算是風平浪靜，沒什麼凶也沒什麼吉——小吉而已；換句話說，這步大限的錢財營收，大抵上是穩定的。武曲化忌在人際關係的位置施虐，對事業也許略有影響，對錢財支配則全無作用。

□在53~62之間的癸酉大限中，子宮（先天財、大限庫）坐忌會祿，是否有敗財的現象？而命宮受雙祿夾輔，何義？

■此限化忌星貪狼就在田宅宮內盤踞，俗謂田宅遭破，將應驗下列幾事：

第一，經常出差、出遠門。

第二，時常搬家。

第三，對生意人來說這是財庫破損，長期投資不利，有破產之虞。

雙祿夾命宮是自己前後左右的環境良好，有人幫襯（抬轎子），可以一呼百諾。

□甲戌大限（63～72）忌星坐兄僕線，何義？該宮見劫空，是否產生制化的作用？

■甲戌大限廉貞再度化祿，是雙料的祿，祿星自坐，穩定性特強，不想變動，故守株待兎可也。

化忌星在朋友宮、合夥宮內，也是雙料的忌，與人相交，甚至合夥做事，均感吃力不討好，所幸此時已垂垂老矣，一切均已歸絢爛於平淡矣。

空劫星的制化力量對六煞六吉和四化，而非對人事。

□乙亥大限（73～82）的財官命三方均會照雙忌，有什麼暗示作用？

■此限坐忌會忌但也會祿，頗爲繁複，這種情形叫做「祿逢沖破」，何嘗不是「忌逢沖破」？有何作用？答案是：做任何一件事的結果，好壞都會呈現，見吉也見凶（不會全吉也不會全凶）。易言之，不是樂極生悲，就是悲極生樂，實在叫人無可奈何。由於忌有兩個祿才只一個，感覺起來凶的成分濃厚一些。空劫星照入後，無論吉凶，都要打點折扣。空劫的另一個作用是對任何吉凶都造成一波三折——好事壞事，不會一次就拉倒，總是糾纏好一陣子才結束。

99.晚年怎樣動才能無咎？

□我目前在一家私人機構任職，職位是經理，職務是業務拓展，這個工作已經做了將近四年，最近靜極思動，但年歲已大，而且景氣不是很理想，究竟怎麼動，才能無咎，是目前最關心的事。我今年（一九九一）起，我的大限轉入丁巳，這步運程三方結構十分安祥，事業略弱，有關的得失與消長，情況如何？

■丁巳大限是先天的合夥宮，大運到此，不見得有什麼特殊的地方，只有在討論合夥事業時才須另眼看待，否則比照一般宮位推算即可。天相坐守，三方所見，「天府朝垣」，尚稱平穩，整個命理環境是柔和的、安逸的，可從下列三個因素看出：

㈠未見煞星照入衝擊。

㈡事業宮無主星。

㈢祿（太陰）與忌（巨門）均未牽引。

處在這樣柔和的環境之中，過去那種力拔山兮氣蓋世的豪情，已不復見了，故不宜再任意更動行業。衡量一下，留在原單位（延續丙辰限的舊業），做到退休，頗爲可行，一來這類公司是衆志成城，群策群力，個人的風險較小，二來是運弱，只好靠別人成事。

□人有時候爲環境所迫，必須換業，結果又如何？

■平運中一切的進度都將是緩慢的，無法一蹴可幾，也許要歷經兩三年甚至四五年之後，才見佳績，如果所換行業必須速戰速決，恐有緩不濟急之感，也會做得十分辛苦。丁巳大限換業，只能長遠打算，慢工出細活。

有關十年內流年的消長，下面會仔細討論。

□壬申年是個令人迷惑的年分，因爲祿忌交叉進入歲與運的宮位，交錯的情況頗爲繁複，吉凶更是難以判別，這究竟是吉是凶？

■將各種狀況逐一描述出來，即可看出命運之神運作的軌跡。

㈠流年命宮無主星，所有的星曜都在外面，顯示這種年分的外在環境很強，自己會被牽著鼻子走，應祈禱別發生事故，否則該事將特別棘手，難以妥善處理——由於無法作主，只能旁觀，眼巴巴看它一瀉千里。

㈡天梁化祿在午，這是流年的夫妻宮，沖射事業，此年事業大吉，工作的執掌（僅指本分工作而言）頗爲順遂，做起來輕鬆愉快。

㈢武曲化忌在流年田宅宮，暗示經常出門（與職業無關）。

天相 丁 54-63 巳 合夥宮	天梁 擎羊 戊 午 遷移宮	廉貞 七殺 天鉞 己 未 疾厄宮	地刧 庚 申 財帛宮
巨門 陀羅 丙 辰 事業宮	男命 一九三八 戊寅年八月×日酉時		辛 酉 子女宮
紫微 貪狼祿 右弼 乙 卯 田宅宮			天同 火星 壬 戌 夫妻宮
天機忌 太陰 地空 甲 寅 福德宮	天府 文昌 文曲 天魁 乙 丑 父母宮	太陽 鈴星 甲 子 命宮	武曲 破軍 左輔 癸 亥 兄弟宮

先天結構還算優異，蓋鈴羊、鈴陀均成異格，若從事業宮的角度看（事業宮照樣有它的三方與四正），則是火陀與鈴陀二格，所以很容易在從事的行業中頭角崢嶸。

若說有什麼遺憾，那麼一定出在先天財帛無星上，錢財與享受的承擔力較弱，不是一個能吃能睡，盡情享受生命情趣的人。此宮尚被忌星冲破（從福德射入），賺錢困難，聚財更不易，但是說破就破，很讓人莫奈伊何。

(四)就延續性行業而言，武曲化忌之後，就影響到它的外緣了，如果該行業需要往外發展或靠人際關係來爭取業績，那麼今年將會倍增辛勞。

理論上說，所有的吉凶都要經過「呼應」，呼應了，方有吉或凶的感應。譬如祿入財帛宮，從無求財的行動，便無財可得；祿入事業宮，雖有一年的吉意，對必須長期經營的事業，並無作用。武曲化忌的情況，亦同。

□癸酉年命無主星，忌星從遷移宮夾煞射入，可能暗示有什麼重大災難臨身，該如何趨避，才能免災？

■流年命宮無星，自主權仍弱，受環境的影響是百分之百的，其餘有關祿忌分配情形、吉凶作用程度，是這樣的：

(一)貪狼化忌沖射命宮，這也是十年大限的事業宮，所以今年舊業方面有什麼風吹草動，大多屬於環境所迫。由於大限命宮弱勢，能不動就不動，蓋一動不如一靜也。

(二)破軍化祿在流年福德，射入財帛，短期行業取財有利，這也是大限的遷移宮，人際關係看來不錯，會認識一些新的朋友，並受到信任，往外發展，有利可圖，這種情形也指往外拓展財源，這一年特別得心應手。

□甲戌年的祿星進入大限宮位，忌星進入流年宮位，看起來像是一幅吉凶糾纏、吉凶不清的景象，如何才能擺脫惡劣的環境，達到趨吉避凶的目標？

■㈠廉貞祿與流年無關，而與大限有關（進入大限福德宮，並沖射財帛宮），所以此年舊業財源甚好，可望獲財。

㈡太陽化忌在子，這是流年的福德宮，跟大限的情形剛好相反，新業或此年臨時起意的求財行爲，恐難如願。

㈢太陽化忌所在，正是大限的健康位置，今年體能略弱，心苦病痛，打針吃藥，著實要破點財。

□乙亥年是連續幾年來所遭遇的比較強勢的年分，顯示環境十分壯濶而且有利，是否暗示將有開創之機？

■我們的看法正好相反。

這是一個十分平靜的年分，沒什麼重要事項臨身，原因是天機化祿與太陰化忌，均未照耀歲運及其三方，可望逍遙自在，安逸而舒適地度日。

□祿忌均在流年的田宅宮，同時牽引了大限的田宅宮，田宅象徵住所，也象徵財庫，所以今年常有外出（包括旅遊在內）之事，有點居無定所的感覺。若不做大投資，流年中偶遇庫破，無咎。**是否可以如此斷言？**

□丙子年天同祿從戍沖辰，事業環境大好，似可進行事業開創或更新，但這種情形跟壬申年一樣，都只是一年短暫的吉，對重大的事業經營，是否無濟於事？

■今年略爲波動。天同化祿在戍沖辰，就流年而言，此年事業吉祥，利於短期行業，而且成績可觀。

□遺憾的是廉貞化忌，在未沖丑，大限的財帛有破，這對延續性的行業似乎不利，可能有人前來劫財，該如何防止？

■對舊業來說，今年是個破財年，應該注意倒債、遲收貸款的情形；此外，無端浪費，造成成本增加、利潤減少等情，將無法避免。

□丁丑年的外觀十分平靜，祿忌也未牽引，這樣的年分若有什麼企圖心，該如何配合，才能借力使力，並立於不敗之地？

■(一)太陰化祿在寅與巨門化忌在辰，均與大限無關，今年無論歲或運，都跟乙亥年一樣，可望高枕無憂。晚年走這種運程，可以淡出鳥來，應該是吉而非凶，蓋一切均已歸絢爛於平淡矣。

(二)巨門忌進入流年的田宅宮，也與乙亥年相似，時常出差、旅遊。

100.坐忌的人會有什麼災難降臨？

□戊寅年天機化忌就在流年命宮坐守，據說坐忌不祥」，這一年會有意外災難臨身，讓人防不勝防，是不是眞的？

■如果祿星代表自信、享受、物慾，那麼忌星將主干擾、破壞等事項，進一步造成心靈動盪，因此今年內心忙亂得像沒頭蒼蠅一樣，是可以預知的。

其他方面，貪狼化祿，從夫妻宮射入事業宮，舊業今年業績大好。但這個祿對流年一年的個人工作心境，卻沒什麼幫助，因爲並未照入流年的三方，形成一個有利的環境。忌星自坐，坐位不穩，內心浮燥；此時可能的變動都是個人的主觀認定，而非客觀事實沖激的結果，頗有「天下本無事，庸人自擾之」之嘆。

□己卯年似乎也是吉凶交替，奇特異常，蓋武曲祿和文曲忌分別進命，並感應歲運的宮位，如此情況，不知哪個吉凶爲眞，哪個吉凶爲假？

■武曲化祿在亥，這是大限的遷移宮，「化祿遷移位，發財於遠郡」，往外發展，有利可圖，延續性事業今年可以繼續積極參與，其中仍以推銷、批發、國貿等等，財利較大；其餘的情形是，人際關係大好，無往不利。

□祿星自坐，有什麼美妙的景象？

■坐祿的人比較篤定，守株即可待兎，當然就不必像過去那樣奔波勞碌了。今年的外在環境雖強，動起來的機率反而不高，原因是坐祿。

□文曲化忌在丑，這是大限的財帛宮，今年將是五十四歲以來最嚴重的破財之年，與人金錢來往，易遭不測。可以這樣推論嗎？

■當然可以。

對流年而言，武曲祿在財帛，今年臨時起意的求財行爲，八成可以進荷包。但因文曲化忌沖破事業宮，在事業執行的過程中，將頻頻發生意外，這點還宜留意，以免造成遺憾。

□庚辰年是個特殊的年分，太陽祿與天同忌分別引動命局，並照入流年命宮，很難辨識其間的吉凶差別？

■此年的環境是動的，個人也會隨著環境而動將起來。不過，這只是行運中所遭遇的一個情況，表現出來的，多半應驗在這一年的偶發事項。

太陽化祿與天同化忌均與大限無關，對舊業作用不大。

□太陽化祿進入流年財帛宮，今年意外的財勢很好，如果做點像買賣股票、黃金、彩券或其他一年之間見眞章的行業，是否有吉大利？

■正如所述。

□可是天同忌在流年遷移宮，人緣略差，與人交惡或受人讒譏，這難道不是忌諱的事嗎？

■每一個流年都有吉有凶，只要找出吉凶的位置，加以趨避即可。吉在財帛，求財有助，不妨多多利用，賺它一筆；人際關係有敗，則儘量避免與人怒目相向。若有災害，該災害當自外而來，外出旅遊、出差，應特別留心意外事故。

按：大災難在不可推測的範疇。

□辛巳年虛歲我已六十有四，這一年起的大限並轉入戊午，天梁坐守，三方所見，是「機月同梁」的組合，每個宮位都配到主星，這十年的環境顯比上一限略強一籌，至少事業經營上不會再有力不從心之憾。是否如此？

■此限的祿星是貪狼，在卯，這是子女宮，與大限宮位無涉，但天機化忌進入財帛宮，此去十年，走的是破財運，凡是牽涉投資、買賣以及與人金錢往來，均宜三思而後行，蓋凶多而吉少也。

貪狼祿在合夥人的事業宮，幫別人成事而已。

□辛巳年的宮位正是上個大限的命宮，星曜組合沒有變，變的只是化星（祿忌），文昌化忌在財帛宮，錢財支配有點動盪的樣子，至於吉凶結果又如何？

■祿星巨門從辰沖戌，這個戌是大限事業宮，事業大吉；文昌化忌進入丑，這是流年的財帛宮，破壞一年錢財進出的均勢。好壞交替出現，流年與大限都受到波及，不過，似乎大限吉、流年凶。

就流年而言，祿星巨門與該年無涉；祿星進入兄弟宮，然後射入合夥宮，圖利他人而已。文昌化忌進到自己的財帛宮，難免要破點財（或開銷特大）。

文昌忌雖與大限沒有直接的關係，但所在之地（丑）卻是大限的健康宮，因此今年是十年來健康較差的一年，宜善自珍攝。

了無居士其他著作

我不知道我寫的文章是不是受到歡迎，但我自認是個相當勤奮且略帶工作狂的人，當衆人正在興高采烈地打球划船、追逐嬉戲甚至跳舞、喝酒、狂歡的時候，我卻埋首書堆，凝視電腦螢幕，爲了解讀那些艱澀、枯燥又神秘的符號，嘔心瀝血，十年如一日。

斷斷續續地寫了十年，我把一部分集結成册，不過是浩瀚滄海中的一粟，這些不成熟的書册中，河畔版兩書我在一九九一年初費心修訂完畢，增加三分之一的新稿，特向朋友報告。

①《現代人的八字》（河畔版、一九九一年增訂）。
②《關公作天公》（河畔版）。
③《八字的世界》（河畔版、一九九一年增訂）。
④《推翻姓名學》（河畔版）。
⑤《紫微論命》（河畔版）。

⑥《現代紫微》(七冊、希代版)。

⑦《紫微改錯》(希代版)。

⑧《現代命理現代人》(五冊)。

⑨《紫微之路》(上中下三冊)。

⑩《明天他們將做什麼》(時報版)。

⑪《斗數宣微現代評註》(上下冊、時報版)。

⑫《清朝木刻陳希夷紫微斗數全集現代評註》(時報版)。

去年(一九九〇年)《清朝木刻陳希夷紫微斗數全集現代評註》出版時,我曾說要專注於抽象而且複雜的原則性問題,今年的新作完全著重在這上面,諸如普遍定律、涵蓋與極限、條件輸入及其規則的探討,都曾深思熟慮和確實試驗,其中有一些新見與突破,不知對朋友有沒有裨益。未來一年裡,也將擴大處理這些問題,希望明年此時,能出版一本論文集,透過嚴謹的學術分析,將斗數命理的推測,提升到討論的層次。

若有高見、批評或指教,歡迎駕臨或寫信到「高雄市四維三路五十七巷三十七號(凱撒大廈)十樓三室　了無居士工作室」,不然在下午時間電話(〇七)三三三一二一九。

精緻生活・豐富人生的——

生 活 叢 書

社　址：台北市和平西路三段240號4F
電　話：(02)3066842・3025638
郵　撥：0103854—0 時報出版公司
信　箱：臺北郵箱79—99號

①父母經	中國時報〈家庭生活〉連載
②認識小兒科	謝貴雄醫師著
③怎樣照顧幼兒	道生博士著／林瑄譯
④了解我	吳慶宜著／劉華譯
⑤兒童心理會診	中國時報〈家庭生活〉連載
⑥家庭如何塑造人	薩提爾著／吳就君譯
⑦婦幼衛生（第一輯）	詹益宏醫師著
⑧婦幼衛生（第二輯）	詹益宏醫師著
⑨皮膚與美容	張武夫著
⑩口腔衛生漫談	榮總牙科著
⑪透視乳房	洛森保博士著／石壁編譯
⑫食物補療大典	田敦理・程熙合譯
⑬跑步健康法	秦鳳棲編譯
⑭男人的更年期	莊有爲譯
⑮當你所愛的人病了	米樂著／蔡果荃・張凱理譯
⑯如何對抗癌症	李豐醫師著
⑰信心治百病	鄧萬絹著
⑱寧爲女人	洪小喬著
⑲愛與性	文榮光醫師著

⑯台灣警世良言

——台灣諺語淺譯(二) 莊永明著

⑰旅遊交流道 楊橋著

⑱小學生用功術 多湖輝著/賴明珠譯

⑳房地產法律顧問(二) 李永然律師著

62鑽石投資

——寶石投資 戴震著

63玉和彩色寶石投資

——寶石投資 戴震著

66他山之石

——從美國看愛滋病 曾俊山/黃瑜滿合著

67愛的八卦與向量 曾俊山/黃瑜滿合著

68你的許多面貌 吳就君著

71新編台語溯源 亦玄編著

72台灣好言吉句

——台灣諺語淺釋(三) 莊永明著

73台灣俗語真言

——台灣諺語淺釋(四) 莊永明著

70台灣紀事(上)(下)

——台灣歷史上的今天 莊永明著(上、下册)

76馬術 張慧士著

77台灣雅言巧語

——台灣諺語淺釋(五) 莊永明著

⑱**台灣土話心語**

——台灣諺語淺譯(六)　莊永明著

⑲**台北老街**　莊永明著

⑳**生活法律顧問**　李永然著

㉑**海峽海岸法律顧問**　李永然著

㉒**高房價時代法律顧問**　李永然著

㉖**氣**　中時寰宇版專欄結集

㉗**簡易自我徒手療法**　嚴明森醫師著

㉚**美化小坪數**　廖有燦編著

㉛**才情・性情・風情**　洪小喬著

㉜**打動他的心**　艾倫克瑞德曼原著／余國芳譯

㉝**打動她的心**　艾倫克瑞德曼原著／單知識譯

㉞**性・生活與學習**

珍妮佛・諾玻夫博士／邁克・謝勒博士合著

周增祥／馮榕合譯

㉟**你我的都市空間**　開放空間文教基金會著

企業家父親寫給女兒的25封信

K．華德⊙著
廖爲智⊙譯

K．華德這位加拿大成功的企業家，同時也是「企業家父親寫給兒子30封信」暢銷書的作者，以深摯的關愛和豐富的體驗，寫給最深愛的女兒和所有的年輕朋友，最誠懇的生涯箴言。因此，這不只是獻給女性讀者，也是獻給所有青年讀者的書。

與愛同行

里奧．巴斯卡力⊙著
陳怡芬⊙譯

這是一本寫「愛」的書。

它既不寫些流行的東西，也不教你要怎麼做。

它只是記誦一個人；他的生活、他的感情、他的行爲，以及他直接或間接教給我們的——生命的愛與美。

青春告白

——成長路上性．望．愛

比爾．柯斯貝⊙著
張定綺等⊙譯

從前有個叫比爾．柯斯貝的男孩，他的肌肉發達、頭腦簡單，直到十四歲還分不清楚保險套和鯉魚有什麼分別。如今他不僅懂得了性的機械化技術，也領略到愛情的甜蜜痴狂，知道一種永遠沒有預防針可打的病毒，他說：「在這本書裏，我將和你分享我這一生研究女人和愛情的心得。」

胡立陽

——年輕人開創前程100招

胡立陽⊙著
胡芳芳⊙採訪整理

胡立陽，以「胡立陽股票投資一〇〇招」高據暢銷書排行榜前三名將近三年，被股市大衆視爲導師，演講場場爆滿，所到之處，時常有人獻花。

但這並不是胡立陽個人事業的巓峯，早在民國七十二年回國前，他就已經是全球最大投資證券公司「美林」的副總裁及矽谷分公司總經理。沒有背景，又是華人，年紀不過三十餘的他，是怎麼辦到的？

胡立陽說：「大家總是把我和股市聯想在一起，其實我覺得我能對社會更有貢獻的是，教年輕人如何出人頭地。」而他的「祕招」，全寫在他的新書「胡立書年輕人開創前程100招」。

企業叢林狩獵手則

——上班族禮節ABC

瑞克魯特社⊙編
莊華⊙譯

許多人將企業界比喻作「現代叢林」，而上班族們每天在這座叢林中狩獵。當然了，要成爲好的獵手，你首先必須了解叢林中的一些基本規則：有的是一般的生活常識、有的是企業界衆所周知的法則，更有些是每個公司的特殊傳統。任何一個獵手在搞通這些規則之前，都不算進入情況。

「企業叢林狩獵手則」這本書，便是把一般在企業界該了解的基本規則，以問答的方式寫出來。對於新獵手，或者還未弄清楚這些規則的老手，相信會有很大的幫助。

流行菁英

——成功的個人工作者群像

李振華◎編集
姚舜等◎採訪撰稿

「當我自己的老闆」，這不是句口號，而是整個社會的趨勢。愈來愈多在各行業具有專才的人，擺脫老闆，以個人工作室的形式接受工作訂單，而且成績斐然，您想知道他們是怎麼做到的嗎？

本書中介紹王行恭、梁弘志、劉興欽……等四十位知名個人工作者的經驗與心得。

我的點子

——34個創業發財的點子

陳生民◎編集

一個創意的點子，可能就是成功的開始。

不論您是否留意到，您身旁許多人的成功與致富，都是從一個點子開始的。

這是一本值得推薦的好書，它集結許多出色的點子和成功的實例，提供您做腦力激盪的素材，也邀請您創造出「我的點子」。

改變生命的50個觀念

羅伯．安東尼博士◎著
陳蒼多◎譯

想成功、想過更有創造性的生活，光有決心並不夠，

——安東尼博士如是說：

最重要的是方法！

他以知覺、相信、行動三項指標，提出50個足以改變你一生的方法，獻給不滿足於現況的讀者，這是近年難得一見的勵志佳作。

愛我自己

理查．C．羅伯提洛⊙原著
陳蒼多⊙譯

誰是你最愛的人？勇敢地承認吧！就是「自己」，但有時我們會害怕變成「自戀」；有時我們不愛自己，對自己很苛刻，不原諒自己犯下的一絲錯誤；有時我們用不正確的方式愛自己，不斷尋求別人的讚美，永不滿足……

本書作者對「自戀」提出新觀點，他認爲，「愛我自己」，能讓我們欣賞自己、眞正去愛別人，並面對生活的步調與壓力，它是健康與自尊人格的一部分。

生涯放假

波妮．米勒．魯賓⊙原著
吳韻慈⊙等譯

這是九〇年代上班族的新朝流。

——爲自己做些事，給自己一段長假——去學一直想學的東西，去做一直沒時間做的事，也許是登上喜馬拉雅山，可能嗎？不用懷疑。

本書作者藉親身體驗和採訪了其他有類似經歷的人之後，告訴你：如何向老闆爭取休個長假、如何增加口袋裡的現金、如何和家人溝通、如何擬休假計劃……。

這本書將給你的，不僅是紙上的激勵，更是一個藍圖，教你如何完成夢想。

去愛．去工作．去享受生命

現代人力潛能開發中心⊙主編
柯永河、張小鳳⊙等著

社會開放，個人自由，選擇多元。
反而，
活得快樂，
成了生命最難的課題？
成了不易圓滿的夢想？

本書邀請二十位國內心理諮商界專家，從去愛、去工作、去享受生命三種角度探討新時代的生命完成。

命理與人生㊶

斗數疑難100問答現代篇

著　者—了無居士
董事長
發行人—孫思照
總經理—莫昭平
總編輯—林馨琴
出版者—時報文化出版企業股份有限公司
108台北市和平西路三段二四〇號三樓
發行專線—(〇二)二三〇六—六八四二
讀者服務專線—〇八〇〇—二三一—七〇五・(〇二)二三〇四—七一〇三
讀者服務傳眞—(〇二)二三〇四—六八五八
郵撥—〇一〇三八五四〇時報出版公司
信箱—台北郵政七九～九九信箱
時報悅讀網—http://www.readingtimes.com.tw
電子郵件信箱—liter@readingtimes.com.tw
主編—周惠玲
編輯—郁冰
校對—李念學、了無居士
印刷—嘉雨印刷股份有限公司
初版一刷—一九八八年二月五日
初版十二刷—二〇〇三年三月二十八日
定價—新台幣二五〇元
◎行政院新聞局局版北市業字第八〇號

ISBN 957-13-0338-0
Printed in Taiwan

國立中央圖書館出版品預行編目資料

斗數疑難100問答. 現代篇 / 了無居士著. -- 初
版. -- 臺北市 : 時報文化, 民80
面 ; 公分. -- (命理與人生 ; 41)
ISBN 957-13-0338-0(平裝)

1. 命書

293.1 80003669